Horst Herrmann

Ein unmoralisches Verhältnis

Bemerkungen eines Betroffenen zur Lage von Staat und Kirche in der Bundesrepublik Deutschland

Patmos-Verlag Düsseldorf

© 1974 Patmos-Verlag Düsseldorf
Alle Rechte vorbehalten · 1. Auflage 1974
Satz und Druck van Beek, Emmerich
ISBN 3-491-77476-4

Inhalt

Einführung

Jungdemokraten brachten im Jahr 1973 durch ihr Papier zur „Trennung von Kirche und Staat", welches in abgeänderter Form auch von anderen übernommen wurde, frischen Wind in die bislang beflissentlich so abgeklärt erhaltene Atmosphäre der bundesrepublikanischen Kirchenöffentlichkeit. Nach einer teilweise beschämend aufgeregten, ja ausfälligen Reaktion von seiten einiger professioneller Außendarsteller der Kirche, die selbst vor dem Faschismusvorwurf nicht zurückschreckten, als hätten sie übersehen, daß die Hitlerdiktatur von der angegriffenen Seite doch wohl kaum gestützt worden sein konnte (was man von kirchlichen Kreisen hinwiederum nicht so exklusiv behaupten kann), setzten sich – vor allem im evangelischen Raum – Stimmen der Vernunft und des Glaubens durch.

Diese Entwicklung, so zögernd sie sich anläßt, ist zu begrüßen, denn zum einen sprechen Motivation und Nervosität vieler Davongekommener uns Heutige nicht mehr so an, wie manche von diesen es sich gern wünschten; zum anderen handelt es sich bei den umstrittenen Thesen einer neuen Generation keineswegs schon deswegen um „alte Hüte des 19. Jahrhunderts", weil einige Kirchenvertreter ähnliche Formulierungen aus ihrer eigenen Jugend zu kennen glaubten, sondern zum mindesten um einen durchweg berechtigten Hinweis auf die Tatsache, daß allzu viele Probleme im Selbstverständnis der Kirche von den Verantwortlichen seit langem vor sich hergeschoben worden sind. Auch wenn man einzelnen Desideraten und noch mehr der hinter ihnen stehenden Weltanschauung nur kritisch bis ablehnend gegenüberstehen kann, wird man doch nicht bestreiten dürfen, daß sie – bei der verbreiteten Systemblindheit der Insider im übrigen wieder einmal von „außen" – eine nicht hoch genug einzuschätzende *Kataly-*

satorenfunktion ausgeübt haben. Denn plötzlich ist, mit einer in diesem Maße vorher kaum erreichten Durchschlagskraft, der Verblendungszusammenhang aufgedeckt, das künstliche Netz zerrissen, welches sich, sorgsam gewebt und bei Bedarf ausgebessert, über das Mit- und Gegeneinander von Staat und Kirche hatte legen können. Die alte Kirche steht nun, und gerade nicht zur „Unzeit", wie man uns von interessierter Seite einreden möchte, sondern eher in ihrem gegenwärtigen Kairos, vor dem Anspruch einer wachsenden Zahl von jungen Demokraten aus den verschiedensten Lagern, die, wenn auch recht schonungslos, von ihr Rechenschaft fordern über ihr Tun und Unterlassen in einer vergangenen Zeit, die sie selbst nur vom Hörensagen kennen.

Es erschiene verhängnisvoll, wollte die Kirche in dieser auf den ersten Blick für sie nicht eben angenehmen Situation, da man vor aller Augen ihre vermeintlichen Errungenschaften schlichtweg als Fehlleistungen disqualifiziert, dem spontanen Reflex nachgeben, so verständlich dies wäre, und genau so reagieren, wie man es ihr allzu lange angeraten hat: mit einer Flucht ins Getto beispielsweise, heim zu den Getreuen, den alles Bejahenden, den nichts in Frage Stellenden, die sich willfährig genug anböten, die böse Welt da draußen verwünschend, das eigene Unverstandensein beklagend. Verhängnisvoll wäre diese Reaktion allein schon deswegen, weil die Öffentlichkeit inzwischen gelernt hat, die Krankheitssymptome solchen Verhaltens exakter als bisher zu diagnostizieren: die Versuche etwa, auf eine „zeitlose Gültigkeit" (ein Lieblingstheologumenon des geschlossenen kirchlichen Gettos übrigens) der vorgetragenen Lehren und Praxen zu pochen, bestehende Schwierigkeiten zu verkleinern oder solche überhaupt wegzudiskutieren, anderen die Kompetenz zu ihrer Diskussion von vornherein abzusprechen, überhaupt sich die Rolle des Endrichters zuzulegen, als stünde diese dem Schuldiggewordenen je zu, das kirchliche Recht als eine persönliche Waffe gegen mißliebige Mitchristen zu mißbrauchen, bloße Verbalangriffe zu starten, und sei es nur, um Zeit zu gewinnen, bereitwilligst Skandale zu wittern oder solche zu suggerieren, Ablenkungsmanöver zu inszenieren, ungeklärte Fragestellungen auf die Ebene privater Affären herunterzuspielen, Aufdeckungen zu verhindern bzw. an deren neuerlicher „Wegschiebung" zu arbeiten, Durchhalteparolen auszugeben, das elitäre Bewußtsein der „kleinen Herde" zu pflegen oder in Hurra-Klerikalismus zu machen, und was dergleichen mehr sein mag.

All dies nützte zudem kaum, da sich der neuerdings eingeleitete Prozeß, die geschehene wie die noch zu erwartende Aufklärung der vielen über die von wenigen vor sich hergeschobene Problematik als irreversibel erweisen dürfte. Immer mehr werden nämlich immer mehr über das bislang Versteckte wissen wollen – und man wird es ihnen mit Sicherheit und in aller Offenheit zu sagen wissen. Dies schon aus Betroffenheit über das furchtbare Schweigen der in früherer Zeit exklusiv Wissenden, der Etablierten, der theologisch Versierten, all derjenigen eben, welche hätten reden sollen, welche nicht hätten vertuschen dürfen, all derer, welche sich mit augenzwinkernder Kameraderie nach innen, mit weinerlichen Kulturkampfparolen nach außen durchzulavieren suchten, all derjenigen auch, welche etwa ihre Stellung als Hochschullehrer und ihr entsprechendes Sonderwissen dem Rest des (Gottes-)Volkes, für das sie eigentlich und ausschließlich bestellt waren, vorenthielten, indem sie über Quisquilien ihrer Disziplin schrieben und es sich erlaubten, die eigentlich anstößigen Komplexe auszusparen, um ihren Oberen nicht zu mißfallen.

Ich meine, nicht zuletzt an dieser Stelle setze ein gehöriges Stück jener spezifischen Art von *kirchlicher Unmoral* an, deren in Jahrhunderten vielfältig erprobte Ausprägungen und Mechanismen noch ausführlicher zu schildern wären: an dem feinziselierten Zusammenspiel nämlich der in Behörden und Wissenschaft Herrschenden, am verabredeten Nichtreden, an der gegenseitigen Lobhudelei, auch an der früher oder später durch recht weltlichen Ordensschmuck ausgezeichneten Tugend, welche sie „Kirchlichkeit" nennen und welche von oben allzu nachlässig interpretiert, von unten falsch verstanden werden durfte. Wenig moralisch, wenn auch in ziemlich vielen Fällen praktiziert, erscheint es ja, sein Schweigen oder auch sein Spiel, bloßer Lautverstärker eines wie immer gearteten Lehramtes der Bischöfe zu sein, zunächst als „Tugend" (des Gehorsams etwa) zu üben und es sich eines schönen Tages doch noch auch vom Staat honorieren zu lassen. Solche aber haben den Lohn für ihr staatlich gefördertes kirchliches Wohlverhalten wohl bereits empfangen.

Man könnte ja nun, böswillig wie man ist, auf die lange Reihe der solchermaßen Tätigen oder der (gewollt) Untätigen, je nachdem, und der Schweigsamen überhaupt blicken, um von diesem Einstiegspunkt aus auf einige Formen typisch „geistlichen" Verhaltens aufmerksam zu machen: so etwa auf die ständigen Versuche, die bestehenden Verhältnisse im kirchenpolitischen Leben der Bundesrepublik derart zu

glorifizieren, daß jegliche Kritik, und käme sie ganz bescheiden selbst vom Evangelium her, das jene verwalten, von vornherein die schwerere Beweislast zu tragen hat, als stünde es von Anfang an und ohne jede Diskussion fest, daß die Tradition im Recht, die Neuerung im Unrecht sei. Besonders moralisch ist diese Haltung wohl ebenso wenig wie diejenige, sich einerseits bei jeder sich bietenden Gelegenheit auf das geltende Recht (nicht selten allerdings in seiner ganz persönlichen Interpretation!) zu berufen, um anstehende Reformen unmöglich zu machen, und seien sie noch so harmlos wie etwa diejenige der Diözesanzirkumskriptionen, und anderseits nicht das Geringste zu unternehmen, um mit dem staatlichen Gegenüber in Verhandlungen über ein besseres Recht eintreten zu können. Ähnlich unmoralisch erscheint der unverhohlene Anspruch an ebendiesen staatlichen Partner, dieser müsse gleichsam nur Handlangerdienste für eine bestimmte innerkirchliche Klasse und deren nicht gerade uneigennützige Auslegung der für alle geltenden Gesetze leisten, wie es etwa in diesen Tagen in der Frage der Universitätslehrstühle für „laisierte" Priester geschieht. Allein aus diesem Beispiel ist zu ersehen, daß es schlichtweg unmoralisch ist, Partner auszunützen, die im kirchenpolitischen Alltag schon deswegen nicht so gewandt zu agieren wissen wie ihre Kollegen von den explizit „christlichen" Parteien, weil sie eben nach Herkunft und Erziehung nicht viel von solchen Fragen verstehen und daher viel eher zum Entgegenkommen neigen als jene, schon um nichts falsch zu machen, und die dann nicht selten obendrein, schlecht verhohlen genug, schon als „Nichtchristen" beschimpft werden, weil sie einmal anderer Meinung als die Berufschristen zu sein wagen.
In diesem Zusammenhang ist auch auf den unsittlichen Versuch hinzuweisen, sich die öffentliche Meinung durch lautstarke Larmoyanz gefügig zu machen, indem man den Eindruck zu erwecken sucht, der staatliche Partner verfolge, wo immer es gehe, die Kirche. Von einer besonders hochstehenden politischen Moral kann ja doch wohl auch da kaum die Rede sein, wo Einzelinhalte der Glaubenslehre, und seien sie noch so wichtig, geradezu eifernd zum Schibboleth hinaufgelobt werden, nur um eine ungeliebte Partei treffen zu können, während gleichzeitig andere, nicht weniger zentrale Aussagen des Christentums, die von einer bestimmten Gruppe nicht in gleichem Maße wie von einer anderen, wenn auch „unchristlichen", vertreten werden, weder im Wahlkampf noch im politischen Alltagsgeschäft zur Sprache kommen dürfen. Was ist im übrigen von der Moral einer

Amtskirche zu halten, welche den Schwarzen Peter in der Frage der Reform des § 218 StGB geradezu aufreizend lässig dem „Staat" zuschiebt, während sie selbst seit Jahren nichts unternimmt, um in ihrem eigenen Gesetzbuch die augenfällige Diskriminierung unehelich Geborener, also gewissermaßen eine Folgelast des § 218, zu unterbinden? Kann man übrigens da wirklich von ökumenischer Ethik sprechen, wo durch amtliche Äußerungen von seiten einer Kirche die Glieder der anderen von vornherein ins christliche Unrecht gesetzt werden: wie etwa im Falle des Verbotes parteipolitischer Betätigung für katholische Geistliche, welches mit einer „evangelisch" angehauchten Argumentation evangelische Geistliche und deren politische Tätigkeit einfach zu disqualifizieren sucht? Wie steht es, so könnte man in seiner Böswilligkeit weiter fragen, um den moralischen Anspruch so vieler kirchlicher Amtsträger, welche sich nach außen, etwa in sozialen Fragen, ausgesprochen modern und öffentlichkeitswirksam gerieren, schon um an ihrem Image zu polieren, nach innen jedoch, und sei es in der stillen Verwaltung der eigenen Diözese, nichts unternehmen, um über einen Zustand, wie man ihn vor dreißig Jahren zu favorisieren schien, hinauszugelangen? Haben solche Leute, die innerkirchlich gesehen alles andere als freiheitliche Demokraten sind, denn nicht jeden Anspruch verwirkt, dem Staat Anweisungen für dessen demokratisches Handeln zu erteilen? Dürfen sie sich zu allem Überfluß eigentlich noch als „Verfolgte" aufspielen? Sind nicht sie es, die unser Land in einer schrecklich subtilen Weise besetzt halten? Wäre es nicht wesentlich moralischer, von sich aus auf solche Einzelheiten in den staatskirchlichen Regelungen der Bundesrepublik hinzuweisen, welche den Kirchen und ihren amtlichen Vertretern bzw. deren Privatauffassungen unangefochtene Privilegien, und das Tag für Tag, einräumen, Privilegien, von denen andere Ortskirchen in den (auch westlichen!) Ländern nicht einmal zu träumen wagen? Zwar ist es immer angenehmer, Martyrerrollen zu übernehmen, ja sie sich selbst maßzuschneidern und über fremdes Leid zu klagen, schon weil dies sich besser in ein bestimmtes Image von der „Kirche" einfügen läßt, als offen und ehrlich zuzugeben, daß auch die Kirche, was ihre eigenen Privilegien betrifft, hierzulande in nichts den Herrschenden dieser Welt nachsteht: nur, moralisch ist es eben nicht und wird es auch nie werden.

Mit diesen Anfragen nähern wir uns einem zentralen Punkt unserer einleitenden Argumentation: Die angeführten Beispiele unmoralischen

Verhaltens lassen sich auf ein Grundproblem reduzieren. Sie basieren nämlich auf der merkwürdigerweise immer noch uneingestandenen *Zwitterstellung der Kirche* und der meisten ihrer Vertreter in dieser Welt. Auf der einen Seite werden diese Leute ja nicht müde, jede Gelegenheit wahrzunehmen, um auf die substantielle Andersartigkeit der Kirche, auf ihre von allen übrigen gesellschaftlich bedeutsamen Verbänden qualitativ verschiedene Stellung, auf ihr besonderes Selbstverständnis hinzuweisen, auf der anderen Seite gerieren sich dieselben Leute ununterbrochen genau so wie die Vertreter und Lobbyisten ebendieser Verbände, von denen sie „theologisch" differieren, und partizipieren ohne Abstriche an ebendieser modernen Gesellschaft, man denke nur etwa an unser Kirchensteuersystem. Es liegt also der Verdacht nahe, und niemand tut etwas, um ihn zu entkräften, daß sie immer dann, wenn es in ihr kirchenpolitisches Kalkül paßt, nicht mehr von dieser Welt sind, schon um diese von ihrer vermeintlich sicheren Warte aus beurteilen zu können, vom Verurteilen schon gar nicht mehr zu sprechen, daß sie aber jedesmal dann, wenn es ihnen klug und opportun erscheint, nahezu hemmungslos um all das besorgt sind, was die so verachteten Kinder dieser Welt an Vergünstigungen anzubieten haben. So vergleichen sie ihre Rechte stets mit denen anderer Gruppen, um ja nicht zu kurz zu kommen, lassen sich aber ihre Sonderrechte nicht antasten, um ihre behauptete, doch prinzipiell unbeweisbare Unvergleichlichkeit zu erhalten. Die Überlegung, daß es in etwa auch „christlich" sein könnte, auf Rechte zu verzichten, selbst wenn andere Gruppen und Institutionen in der pluralistischen Gesellschaft solche hundertfach für sich erjagen und erhalten, muß ihnen fremd bleiben. Mit diesem ihrem vielfach gebrochenen Verhältnis zu sich selbst und zu den übrigen versuchen sie nun aber zu leben, oder soll man es vegetieren nennen? Sie sind, seit langem, trotz all der vehement vorgetragenen Ansprüche oder gerade wegen dieser weder „Christen" noch „Weltliche", sie sind beides. Und dieses Verhalten ist, in der beschriebenen Konstellation, auf die Dauer absolut tödlich, auch wenn es noch so lebendig wirken mag: sein Rückgrat nämlich ist gebrochen.

Nur von hier aus ist es überhaupt verständlich, daß die Verfechter dieses Status eifersüchtig einen Besitzstand ganz besonderer Art zu wahren suchen, ein juristisches Korsett gleichsam, welches es ihnen zu erlauben scheint, als Gebrochene fortzuleben. Diese Hilfskonstruktion, im gegenwärtigen wie im historischen Milieu vielfach abgesichert, oft genug noch verteidigt, als beinahe überzeitlich gepriesen, aller Welt als Vorbild dargeboten, und doch, bei genauerem Licht besehen, nichts anderes als ein schwammiges Etwas, eine hinfällige Notordnung, eine Prothese eben, ist in etwa als „Verhältnis" von Staat und Kirche zu klassifizieren. Inhaltlich umfaßt es, in einer höchst unscharfen Definition allerdings, ein Dreifaches: die weltanschaulichen Grundlagen zum einen, ihre juristische Ausformung in Verfassung, Vertrag und Gesetz zum anderen, die Alltagspraktiken irgendwo im Niemandsland zwischen Ideologie und Recht als Drittes. So mächtig sich nun dieses „Verhältnis", von einigen als Partnerschaft, von anderen nach dem Trennungsgedanken zu interpretieren gesucht, in der Alltagswirklichkeit erweisen mochte und mag, so ungeklärt ist es bis heute in seinen Grundlagen und vielen daraus resultierenden Wechselwirkungen geblieben. Da zudem eine allgemein verbindliche Aussprache unter allen Beteiligten über die gemeinsame Basis fehlt, ja vermieden zu werden scheint, von einer auch innerkirchlich geführten Diskussion über den Zusammenhang von Glaube, Recht und Politik ganz zu schweigen, behilft man sich mit immer neuem Flickwerk: Der eine will die Partnerschaft, ein anderer die Trennung, ein jeder aber versucht, das Gesamt und die Einzelausprägungen des „Verhältnisses" nach seinen eigenen Leitvorstellungen auszulegen und abweichende Meinungen wie Praktiken entprechend zu zensurieren. Aufgrund dieser von nicht wenigen in Staat und Kirche nur zu gern aufrechterhaltenen Ungeklärtheit ist es noch immer möglich, einfach so vor sich hinzuleben, am Alten interessiert, so unscharf es bleibt, vor Neuem, Geklärterem sich ängstigend.

An diesem mit Interessenlagen aller Art verquickten *Theorie-Defizit*, das aufzuzeigen alles andere als die Eröffnung eines unnötigen Nebenkriegsschauplatzes darstellen dürfte, ist wohl die gesamte hinter uns liegende Generation schuld: Man hat sich allzu sehr auf die „golden twenties" der Zeit etwa von 1945 bis 1965 verlassen, da alles im Sinn der Kirche geregelt schien (es fragt sich nur, welcher „Kirche"!); man ist kaum bereit, die seitdem beginnende Normalisierung auch der staatskirchlichen Lage anzuerkennen, zumal man sehr eilfertig all das als Verlust auszugeben sich bemüht, was sich, präziser besehen, als nichts anderes denn als Gewinn erweist; man schwelgt noch immer im unkritischen Lob der im eigentlichen doch überhitztunnormalen Konjunktur nach dem Krieg; man bleibt unfähig, die fortschreitende innere Aushöhlung, ja die versteckte Morbidität früherer juristischer Errungenschaften (wie etwa die des mehr als zweifelhaften Reichskonkordats von 1933!) zu erkennen. Dabei erfolgt heute, gewollt oder ungewollt, die Bewältigung einer Vergangenheit, über deren Vorteile oder Nachteile für die wahre Kirche noch kaum ein abschließendes Urteil möglich ist, auf Schritt und Tritt. Ob man jedoch ehrlich genug ist, diese Entwicklung nüchtern zu sehen oder gar mitzubestimmen, bleibt nach wie vor fraglich. Müßten aber schlechte oder fragwürdige Traditionen (Beispiele dafür werden noch genannt) nicht so schnell und so gründlich wie möglich aufgegeben werden? Läge nicht ein Weg heraus aus den falschen Alternativen der Vergangenheit mehr als nahe? Wäre nicht von den politischen Parteien jeder Couleur zu erwarten, daß sie die Dinge ohne zu große Rücksicht auf ihre Wahltaktiker und deren strategische Belange wie Belanglosigkeiten offen beim Namen nennen, statt sie in Klausuren hinter vorgehaltener Hand zu beklagen? Wo bleibt der Mut aller Beteiligten zu einem solch demokratischen wie christlichen Vorgehen, das selbst die Trägheit der Institutionen überwinden könnte? Wo die Bereitschaft der Altkirche, mit evangelischer Härte gegen sich selbst diesen leidvollen Prozeß, fernab von der zur Gewohnheit gewordenen lächerlichen Weinerlichkeit, einzuleiten? Sicher würden auch in diesem Land sehr viele erleichtert aufatmen, wenn die Altkirche von sich aus das unwürdige Feilschen um Sonderrechte und das ewige Verteidigen alter Bastionen aufgäbe und, evangelisch inspiriert, in Verfolgung der Tendenzen des letzten Konzils, eine Neuordnung anböte und auch tatkräftig genug ermöglichte.

Daß aber dieser Weg, moralisch wäre er ja allein schon wegen seiner Geradlinigkeit, unter den heutigen Umständen kaum beschritten werden wird, liegt nicht zuletzt an dem der gegenwärtigen Misere zugrundeliegenden staatskirchlichen „Verhältnis" selbst. Dieses macht nämlich in seiner theologischen wie juristischen Fixierung einer Vorkriegskirche etwa aus der Konkordatsära der Jahre 1920–1935 geradezu blind für neuere Entwicklungen. Es zementiert einen ausgesprochen vorkonziliaren Zustand, es heuchelt Ruhe, wo Bewegung herrschen sollte. Besonders tragisch muß die nur vermeintlich intakte Absicherung jeden anmuten, der im Recht, und sei es auf eine bestimmte Glaubensüberzeugung gegründet, vor allem eine prinzipiell überholbare *Notordnung* zu sehen gewohnt ist, welche durch ihren ihr selbst eingestifteten Verweis auf die Wandelbarkeit des geschaffenen Menschen diesem ein Sich-Etablieren-Wollen im jeweils „ge-

sichert" erscheinenden Rechtszustand der wechselnden Kirchen- und
Gesellschaftsform unmöglich machen sollte. Erfolgt nun aber im staatskirchenrechtlich erfaßbaren Raum keine Weiterbildung, ja, sehen die
Verantwortlichen in Staat und Kirche über ihrer Fixierung auf die
trügerische Ruhe eines gestrigen Rechtsstatus überhaupt keine Notwendigkeit, eine Reform einzuleiten (und genau dies kann man zur
Zeit von allen Seiten zur Genüge hören!), so kann die Ungleichzeitigkeit des „Verhältnisses" so lange ungehindert wachsen, bis eine solche
Kirche in ihrem Anspruch, eine „moralische Anstalt" zu sein, vor
ernstzunehmenden Bürgern und Christen jedes Anrecht auf moralische
Glaubwürdigkeit in diesem Bereich ihres Handelns und weit darüber
hinaus eingebüßt hat. Dem – in Grenzen – an dieser Entwicklung mit-
schuldigen Staat und den ihn tragenden Parteien aber dürfte es kaum
besser ergehen.
Die latente Krankheit, an der in einem solchen Fall Staat und Kirche
gleichermaßen zu leiden hätten, handelt es sich doch dabei um alles
andere als ein rein binnenkirchliches Problem, bestünde also vor
allem in der Ungleichzeitigkeit des gegenseitigen „Verhältnisses", welchem Theologie wie Gesellschaftslehre davongelaufen sind. Den Verblendungszusammenhang dieser Ungleichzeitigkeit in Theorie und
Praxis, welche in ihrer sich selbst ständig erneuernden Blindheit für
die eigentlichen Zusammenhänge immer wieder zu Taten reizt, die
ihrerseits nur als im beschriebenen Sinn amoralisch zu klassifizieren
sind, mit aufzudecken, ist wohl die Pflicht eines jeden für seine Kirche wie für den Rechtsstaat haftbar zu machenden Christen und
Bürgers. Deshalb wird dieser darauf hinzuweisen suchen, daß der
bestehende Zustand kaum länger tragbar erscheint, schon weil nach
den theologischen Entwicklungen der letzten Jahre, auch wenn diese
eher innertheologisch als innerkirchlich zum Tragen gekommen sein
mögen, nur noch recht wenig an Substanz etwa der konkordatären
Abmachungen aufrechterhalten werden kann, ja daß die berühmte
„clausula rebus sic stantibus" nicht mehr, wie früher insinuiert, allein
auf die staatliche Seite, sondern in ungleich stärkerem Maße auf
eine Altkirche anzuwenden ist, die zwar die Verträge ausgehandelt
und abgeschlossen hat, jedoch heute nicht mehr dieselbe sein kann.
Der Christ wird außerdem um ein abgeklärteres Zusammenwirken von
Staat und Kirche bemüht sein, schon weil er zuinnerst über die gegenwärtige Amoral betroffen ist; er wird diesen Versuch unternehmen
in der Hoffnung, und sei sie noch so oft enttäuscht worden, aus einer

gewandelten Theologie auch ein passableres Staatskirchenrecht ableiten zu können und zu dürfen, und dies wenigstens für den unmittelbar vor uns liegenden Zeitabschnitt des Übergangs. Schließlich wird er offen nach dem spezifisch „Christlichen", losgelöst von dem typisch Pfäffischen der Vergangenheit und Gegenwart, und nach dessen juristischer Faßbarkeit fragen, welche sich um einiges von der schlichten „Absicherung" einiger Großsekten unterscheiden dürfte, wie man sie bislang fast ausschließlich zu kennen glaubte. Er kann all seine Bemühungen jedoch nicht als Affront verstehen, so notwendig ein solcher auf weiteste Strecken hin sein wird, sondern als Hilfsangebot, das aus dem Glauben daran lebt, daß aus Tätern und Verwaltern doch noch Hörer des Wortes, aus Umsorgten doch noch Besorgte werden könnten. Sein Versuch, eine neue Theorie und Praxis gesellschaftlich zu verantwortender Heilssorge mitzubegründen, ist allerdings weit entfernt von dem pfäffischen Anspruch, in der jetzigen Umbruchssituation mehr als einen bescheidenen Beitrag zur Verwaltung des viel grundsätzlicheren Mangels in Staat, Kirche und Gesellschaft leisten zu können.

Das angesprochene Defizit mag manchen, und auch dies spricht allein für ihre Blindheit, so wenig bedrohlich erscheinen, daß sie von Schwarzmalerei, von Schießbudenfiguration sprechen werden. Ihnen sei erwidert, daß einem, der seit langem nicht mehr gewohnt ist (oder es einfach nicht mehr wagt), in den Spiegel zu schauen, alles wie ein Zerrbild vorkommen wird. Nun gut, er soll so weitermachen wie bisher. Es bleibt ihm unbenommen, auch weiterhin Konfession durch Konzession zu ersetzen, andersdenkenden Nicht-Tätern oder einigen nicht von der Amtskirche abgesegneten Kirchenpolitikern ein gerüttelt Maß an politischer Naivität zuzuweisen, dem moralischen Pathos der Veränderung, wie es sich etwa auch beim Eintreten so mancher kirchlich nicht mehr Gebundener für eigentlich christliche Haltungen wie Schuldvergebung statt Menschenhatz oder „compassion" schlechthin äußert, durch Vertrauen auf die systemstabilisierende Macht des ausgehandelten Rechts zu begegnen: die Entwicklung wird ebenso über ihn hinweggehen, wie dies früher der Fall war.

Für uns aber bleibt die immer neu zu stellende Frage entscheidend, wie eine Kirche ihre politische Verantwortung, über deren „daß" schon wegen der gesellschaftlichen Implikationen einer Institution von solcher Größe kaum Zweifel bestehen dürften, in der Nachfolge des Jesus von Nazaret wahrnehmen könne. Dabei dürfte es nicht sonderlich schwer fallen, die gegenwärtige Situation einer Kirche, die sich hierzulande und anderswo derart mit staatlichen Instanzen verschwägert hat, daß sie nicht wenigen als eine Kirche der Staatsanwälte und Gerichtsvollzieher (so ehrenwert diese Berufe, für sich genommen, sicher sind) erscheinen muß, als unmoralisch und vor einem radikal christlichen Gewissen nicht vertretbar zu charakterisieren. Schwieriger, doch prinzipiell nicht unlösbar, ist bereits die Frage nach den *Kriterien,* die als Beurteilungsgrundlage und -maßstab für die „wahre" Kirche gelten dürfen und die auch vor einem fundamentaldemokratischen Anspruch bestehen können.

Ob allerdings die Verleihung staatlicher Auszeichnungen an einen katholischen Bischof ein solches Kriterium für das wahre Verhältnis von Staat und Kirche darstellt, wie dieser selbst es vor kurzem zu insinuieren schien, ob die Tatsache einer Militärseelsorge auf bundesrepublikanische Art, ob das Faktum, einen Apostolischen Nuntius, der nach eigenem Anspruch zum Nachfolgekreis der Jünger Jesu zählt, als Doyen des Diplomatischen Corps mit Sonderrechten ausgestattet zu sehen, ob das Staatsinkasso kirchlicher „Steuern", ob der staatliche Treueid der Bischöfe in die Hand derer, die zum Teil als „Apostaten" gelten dürfen, ob all diese Gepflogenheiten nun die eigentlichen Kennzeichen der Nachfolge sein können, wie man es dem nach wie vor gläubigen Volk allein schon durch die unangefochtene Faktizität dieser Ärgernisse einzureden sucht, wird noch sorgfältiger zu untersuchen sein. Vielleicht stellten sich im Laufe dieser vom Geiste Christi zweifelsohne weit entfernten Analyse des „Verhältnisses" und seiner reflektierten wie seiner unbewußten Konkretionen ganz andere Maßstäbe, ja abweichende Modelle christlichen Handelns heraus; verwunderlich wäre dies kaum, denkt man nur etwa an so wichtige Desiderate wie den prinzipiell gesellschaftsdiakonischen Charakter der christlichen Praxis oder an ein grundsätzlich kritisches statt ein stets legitimierendes Verhältnis zur Gesellschaft, Forderungen, die auch zu veränderten kirchenpolitischen Systemen und staatskirchenrechtlichen Neuordnungen führen müßten, nähme man sie ernst genug.

Im folgenden soll also versucht werden, zunächst den Umkreis des bisherigen „Verhältnisses" abzuschreiten und auf generelle Halbheiten und Unzuträglichkeiten aufmerksam zu machen. Schließlich werden die Einzelausprägungen des gegenwärtigen Systems dargestellt und auf ihre christliche wie demokratische Tragfähigkeit hin befragt, bevor ein abgegrenzter, wenn auch nach wie vor höchst utopisch erscheinender Ausblick in eine konkret reformerische Zukunft hinein gewagt wird. Angestrebt ist unter den heutigen Umständen immer noch eine zunächst gütliche Einigung der zum Handeln aufgerufenen Partner, doch muß eine solche schon deshalb zwingend sein, weil sich sonst eine radikal-revolutionäre Bereinigung auch dieses Altsystems nicht mehr umgehen lassen wird. Die gütlich-glaubwürdige Einigung legt sich für die Kirche auch noch aus einem anderen Grund nahe: Eine entsprechende Neuregelung des „Verhältnisses" von Staat und Kirche in der Bundesrepublik im angesprochenen Sinne könnte eine gewisse Schrittmacherfunktion für andere Länder haben. Ja, selbst interessierte Politiker aus allen Parteien könnten einer solchen Neubesinnung vielleicht aus ebendiesem Grunde Geschmack abgewinnen, läge doch auch ein Stück echter und gesellschaftsträchtiger Reformpolitik hierin, selbst wenn man die mancherorts begehrten kirchlichen Ehren auch aus Anlaß eines bloßen Staatsbesuchs im Vatikan erringen kann.

I. Vorbedingungen sittlichen Verhaltens

Worum es nicht geht, gar nie gehen kann: denjenigen, die den (oder auch nur ihren) Stein des Weisen gefunden zu haben beanspruchen, in ihrer ebenso streberhaften wie simplen Süchtigkeit zu folgen und Vor- oder Nachzensuren für das „christliche" Verhalten anderer zu erteilen, den kirchenpolitischen Gegner, nicht aber das System, dem er vielleicht verhaftet ist, ohne sich schon lösen zu können, moralisch zu disqualifizieren oder gar in der peinlich wirkenden Attitüde eines neuen Klerikalismus, diesmal von links, Anweisungen für das politische Tun und Lassen zu geben. Denn Zeitgenossen dieser Art (sie ist längst überholt, wie wir noch sehen werden) erdulden wir zur Genüge, seien sie schon etabliert oder warteten sie noch darauf: In den wenigsten Fällen nur können sie mit ein wenig Recht die bessere Einsicht in den wahrhaftig nicht gerade einfachen Sachverhalt und die daraus folgende Ungeduld mit den Reformen und deren gegenwärtigem Fortgang oder Stillstand in Anspruch nehmen.
Darum aber mag es sich bei unseren Überlegungen wohl handeln: so gut es eben geht, an Hand von Fallstudien den Blick für andere und auch nicht weniger wichtige Perspektiven zu schärfen, die weiteren Dimensionen im politischen Handeln der Kirche auszuschreiten, mit Bedacht vorenthaltene Informationen an die Basis weiterzugeben, Versäumnisse, und seien sie durch Jahrhunderte verborgen geblieben oder von gewaltigen Repräsentanten der Kirche gedeckt worden, aufzuarbeiten, den Dunstkreis des „Lehramtes" zu durchbrechen, Gewichtsverlagerungen ins Lot zu bringen, Unebenheiten in Theorie und Praxis ausbügeln zu helfen, „Moral" und ihre Ansprüche nicht nur individualistisch, sondern als gesellschaftlich relevante Größen darzustellen.

Daher soll, selbst auf die Gefahr hin, manche komplexeren Inhalte apodiktisch, wenn nicht gar vereinfacht und einseitig darzulegen, zunächst die bisherige Übung, die Vorbedingung jeglichen sittlichen Verhaltens heutiger Leseart und ihre ideologische Einordnung untersucht werden, bevor wir die Umrisse eines künftigen Engagements, soweit sie sich bereits in der heutigen Umbruchsituation abzuzeichnen beginnen, gleichsam auf dem „Negativ" des Überkommenen zu skizzieren suchen.

1. Klerikales Großgouvernantentum
oder: Bleibt der „gute" Christ politisch ein Schaf?

Die gesellschaftliche Formation, welche man „die Kirche" zu nennen sich angewöhnen mußte, hat zu allen Zeiten recht handfeste Politiker in sich heranwachsen gespürt, häufig auch deren weitere Prägung mit übernommen, bewußt oder unbewußt, sie auch gefördert, für die eigenen Zwecke zumal. Gar nicht so selten gehörten zu diesen die römischen Päpste selbst: Tatmenschen lautersten Wassers darunter, ihrer Zeit und Umwelt ein Mirakel, oder auch Theoretiker hohen Ranges, viele von ihnen bis heute noch kaum von der neueren Kirchengeschichtsschreibung tangiert, Repräsentationskatholiken also immer noch, gleichsam Christen der vordersten Reihe, Vertreter einer exzeptionellen Ordnung.

An sie schlossen und schließen sich an – pyramidal abgestuft, versteht sich, da einer „Hierarchie" zugehörig – all die übrigen, bis hin zum Landpastor, der im Bewußtsein seiner speziellen Würde und Kompetenz Politik im Dorfkrug macht. Das alles kann nicht verwundern, durften sie sich doch insgesamt zu einem nach „göttlichem Recht" vom restlichen Gottesvolk eifersüchtig abgegrenzten und nichtsdestotrotz hienieden gesellschaftlich besonders relevanten „Stand" zählen, zu einer Gruppe also, welche einerseits ihre Exemtion von den „gewöhnlichen" Lebensvollzügen und Beurteilungsmaßstäben (wie etwa Ehe und Familie) verteidigte, zum anderen jedoch ein ihr strikt reserviertes Wissen über ebendiese Gebiete zu besitzen beanspruchte. Dieses Sonderwissen, welches die Interessierten innerhalb der Gruppe ständig vor sich selbst und ihren Rekruten bestätigen mußten (ganze Theologengenerationen lebten davon!) und vor den anderen, den weniger Privilegierten, der anderen Klasse eben zu legitimieren suchten, führte bis in unsere Zeit hinein zu unaufholbaren Informationsvorsprüngen recht obskurer Provenienz und ließ sich schon von daher je nach Interessenlage der Altkirche oder wenigstens nach Lust und Laune derer Außendarsteller auswerten.

Zwar hatte sich solches Tun zunächst auf eine Materie beschränken müssen, die man noch als in etwa theologisch klassifizieren durfte, doch weiteten sich die Interessengebiete der Kleriker, die ihrerseits im Lauf der Zeit aus ihrer genuin evangelischen Not eine auch soziologisch faßbare Standestugend gemacht hatten (noch das Reichskonkordat von 1933 weist genügend Spuren dieser Entwicklung auf!), immer mehr aus, so daß sich schließlich die Vorstellung durchsetzen konnte, es müßten alle Regungen eines Christenlebens von diesen Besserwissern im Beamtenstand (auch dies eine Folge neuerer Expansionsdrangs) zunächst seismographisch exakt und zweifelsfrei konstatiert und endlich, als Norm für alle Eventualitäten, geregelt werden. Der Weg, gepflastert mit mancherlei Ideologien, zur euphorisch geübten Selbstbestätigung, nun alles und jedes perfektionistisch und ohne eigentlich gravierende Rückschläge lenken zu können, war nicht sehr lang und beschwerlich. Bald war das Leben eines Christenmenschen umschlossen von einem immer subtiler und kasuistischer gesponnenen Netz moralisch anspruchsvoller, ja juristisch (vor dem Forum derselben Leute allerdings) einklagbarer Normen. Ein handliches Instrumentarium ward erfunden, steril war es ohnehin, also konnte es eingesetzt werden. Der solchermaßen lückenlos umsorgte Christ war nun nur noch darauf hinzuweisen, daß er „von oben", falls notwendig, jederzeit Hilfe und Fürsorge, auch in politischen Angelegenheiten, erhalten würde, und sei es, um aktueller zu werden, in Form von mundgerecht geformten und begründeten „Thesen". Schließlich war er noch, eine Kleinigkeit, die zu erwähnen wir beinahe vergessen hätten, im Glauben daran zu erziehen, daß er, wollte er wirklich ein „guter" Vertreter seines Standes sein und bleiben, auf diese Stimme aus der Höhe auch zu hören habe.

So entwickelte sich, gleichsam über Nacht, durch einseitige, wenn auch nie ganz unangefochtene Ausweitung der Geschäftsgrundlage aus einer exklusiv theologischen Kompetenz die Zuständigkeit eines wie immer auch gearteten „Lehramtes" selbst in höchst weltlichen Bereichen – und schon schnappte die Falle zu: Der „Laie", also in ursprünglich theologischer, wenn auch nicht gerade evangelischer Definition der „Nichtkleriker", wurde per definitionem der Nicht-Fachmann, und das sogar in seinem ureigensten Bereich, in Ehefragen, aber auch in der sogenannten Politik, während die Gleichsetzung von Kleriker und Fachmann mehr und mehr an Boden gewinnen konnte. Man wende nun nicht ein, das Zweite Vatikanum habe dies grundlegend geändert, denn auch wir können lesen: die gutgemeinten Deklarationen des Konzils zum einen und die realistischeren Verlautbarungen deutscher Bischöfe seither zum anderen. Wir wollen ja die reichlich unangenehmen Erfahrungen der jüngsten Zeit gar nicht nennen, die Anfechtungen vor den Wahlen etwa bis hin zur Uraltfrage aus dem Kaiserreich, wer denn nun wen wählen dürfe und wer denn nun wen aus welchen Gründen nicht. Wir nennen auch die Lust so mancher nicht, gleichsam ex cathedra Unbedenklichkeitsbescheinigungen für politische Parteien oder für deren Kandidaten, und sei dies auf subtilere Weise geschehen als früher, auszustellen, nur um die Unmündigkeit der katholischen Basis ja vor aller Augen bloßzulegen. Wir erinnern auch nicht an das schiere Entsetzen nach den letzten Wahlen, nicht einmal an die Anfänge eines neuen Opportunismus kurz darauf. Auch sollen nicht die ständigen Versuche genannt sein, gewisse bischöfliche Denkansätze in politicis zu verabsolutieren (ohne Rücksicht übrigens auf andere, wohl nicht weniger wichtige) und sie so mit der Aura der übriggebliebenen Infallibilität wie mit dem demokratischen Zuckerguß des jetzt „Richtigen" zu umkleiden, daß das Restvolk schon stupide oder gar böswillig sein müßte, folgte es diesen Bahnen nicht, machte es nicht dasselbe Fündlein, und sei es spätestens am Wahlsonntag.

Welch ein Ausmaß an innerer Unfreiheit dieses Gouvernantensystem, die Depravation biblischer Hirtensorge, in sich schließen konnte, verrät bereits ein Blick etwa auf die nicht selten in Perfektion anzutreffende und erst neuerdings abbröckelnde Sucht weitester Kreise in der Altkirche, von unten nichts anderes als eine unbestimmte Erwartungshaltung, eine Hoffnung auf Patentrezepturen gegenüber denen da oben aufzubringen, der dann amtlicherseits eine nicht minder vollkommene Kodifikationsmanie entsprechen konnte; ja sogar der daraus resultierende Zwang, selbst eine real nicht vorhandene Spannung und Entscheidungssituation vorzutäuschen, eine ideologische Freund-Feind-Stellung in allen Lebensbereichen, den politischen nicht ausgenommen, aufzubauen und durchzuhalten, nur um den Entscheidungszwang einsichtiger machen zu können. Allzu schnell und leicht durften von hieraus die politischen Wirklichkeiten in den Kategorien eines wie immer geprägten religiösen „Heilsbezugs" des Gegners interpretiert werden; man konnte jetzt nämlich wieder den politischen Gegner auch zum religiösen Mängelwesen abstempeln, ja zu einem Menschen, der um sein Heil zu fürchten hatte, der einfach schon deswegen auf der falschen religiösen Seite zu stehen schien, weil er politisch falsch orientiert war. Die vielen -Ismen tauchten wieder auf, unseligen Angedenkens fast alle von ihnen, der politische Gegner war plötzlich wieder, fast völlig losgelöst von seinem Wollen und Tun, die personifizierte Gottlosigkeit oder Antikirchlichkeit, die „Antikommunisten" waren dagegen wieder unter sich, ihre Kreuzzugsideologen und Scharfmacher zumal, man lese nur die Leserbriefe in den einschlägigen Publikationen.

Zugeben muß man allerdings, daß dieses System, geschlossen wie es war, auch mannigfache Vorzüge aufzuweisen hatte. Zum einen konnten Adaptationen aller Art „kirchenamtlich" aufgefangen werden, denn schließlich mußte ja eine Lösung für das Grundproblem der „Kirche in der Welt" gefunden werden. Die Gratwanderung zwischen den ins Auge fallenden Extremen, der Weltsucht und der Weltflucht, dem Ausgegossensein, ja Versickern in diese Welt und einer vornehm wirkenden ekklesiologischen Introvertiertheit (die Versuchung, die Kirche in die eigene Sakristei zurückzudrängen, besteht ja beileibe nicht nur bei denen „da draußen"!), fiel immer recht schwer – und ist praktisch nie ganz gelungen. Überließ man jedoch die letztgültige Entscheidung über eine Anpassung oder Nicht-Anpassung einem auch politisch tätigen Lehramt, so war das Problem, zumindest formal, gelöst. Schlimm erscheint es nur, feststellen zu müssen, daß viele es sich gar zu leicht machen und – auf dem dunklen Hintergrund totaler Anpassung früherer Zeiten, wohlgemerkt – heutzutage hinter allem Möglichen, das nicht in das geläufige Konzept paßt, eine ungezügelte Anpassungssucht wittern, als wollten sie nicht zur Kenntnis nehmen, daß allzu vieles von dem, was da so gern (und doch wohl von ziemlich interessierter Seite) als überzeitliche Struktur, als Grundwert gar, gepriesen zu werden pflegt, bei genauerem Licht besehen nichts anderes als das verfestigte Resultat einer bereits geschehenen Adaptation der Amtskirche an vergangene Denkmodelle und Rechtsinstitutionen darstellt. Was nämlich einst als theologischer und juristischer Wildwuchs, ja nicht selten geradezu als Rebellion ausgegeben wurde, hat sich inzwischen häufig zu Formen kirchenamtlicher Adaptation gemausert, und das zu Recht, da ja, nach dem geltenden System zumindest, das Amt über Gut und Böse, über Drin und Draußen zu entscheiden hatte.

Zum andern konnte in diesem System auch das nie ganz überwundene Potential an Angst vor innerer und äußerer Ungesichertheit (hervorgerufen durch Häresie und Schisma wie durch falsche politische Positionen) von oben herab mobilisiert werden. Da man nämlich von der Ansicht auszugehen gewohnt war, der „normale" Zustand einer Gesellschaft sei allein derjenige einer Integration, welche allem seinen gottgewollten und angestammten Platz (oder wenigstens das, was man dafür zu halten bereit war) zuzuweisen fähig schien, waren die unausbleiblichen Konflikte lediglich eliminierbare Störfaktoren. Falls vielleicht auch die Geschichte der Kirche und ihrer politischen Engagements von den jeweiligen Siegern geschrieben zu werden pflegt, liegt auch hier die Deutung nahe, die glücklich überwundene Opposition habe einfach nicht in das System gepaßt, geschweige denn ein Hausrecht in der Kirche (oder im Staat) besessen. Verweist man in diesem Zusammenhang noch auf den geradezu „antihäretischen Affekt" (K. Rahner) des Christentums, auf eine enttäuschte Bruderliebe zwischen den Söhnen desselben Vaters also, welche es in dieser Welt, politisch gesehen, bis zu Kreuzzügen und Religionskriegen brachte – Erscheinungen, die anderen Religionen fremd sind –, so versteht man eher, unter welchen Vorzeichen eine spezifisch „christliche" Politik vonstatten gehen mußte. Ja, man neigt vielleicht auch der Meinung zu, „Radikalenerlasse" seien ebenso eine christliche Erfindung wie Berufsverbote, und ein Staat, der solche anwende, erweise sich noch im nachhinein als Erbe einer bestimmten Weltanschauung.

Es bleibe dahingestellt, ob sich hinter solch symptomatischen Einzelerfahrungen mit der politisch tätigen Kirche, oder besser mit dem im übrigen verschwindend geringen Bruchteil der in ihr und für sie politisch Engagierten, nun die grundsätzliche Überzeugung verbergen mag, Kirche und Welt ließen sich zur Gänze erklären und rezeptieren oder doch theologisch so systematisieren, daß es dem Lehramt nicht sonderlich schwer fallen könne, für seine Pflegebefohlenen ständig zwischen Gut und Böse mitzuentscheiden; oder ob es sich lediglich um eine unausgefochtene und vor sich selbst nie eingestandene Angst vor der andrängenden Andersartigkeit handelt, die für sich und andere durch dauernde Entscheidungszwänge, und seien sie nur konstruiert, kompensiert werden mußte. Jedenfalls sprechen Theorie und Praxis dieser Art von (auch politischem, wenngleich theologisch an-

24

gehauchtem) Wahrheitsbesitz (bei sich) und Wahrheitsbeurteilung (bei anderen und für andere) nicht gerade gegen die Ansicht, die Altkirche habe sich vor langer Zeit in einen elfenbeinernen Turm zurückgezogen, fernab der sie umbrandenden Gesellschaft und ihrer Fragen und Nöte, um von dieser Bastion aus die Einzelprobleme dieser Welt, und seien es selbst politische Prioritäten, so exklusiv zu bereinigen, daß für Andersdenkende gar nichts Richtiges zu reden und zu tun mehr übrigbleibe. Ja, man ist sogar versucht anzunehmen, die Altkirche habe allzu lange selbst das Wort Gottes so wacker und keinen Widerspruch von seiten derer duldend, die es doch auch lesen konnten, in die politischen Detailstreitigkeiten mit eingebracht, daß man meinen könnte, das Evangelium Jesu Christi lasse solches wirklich zu, lasse so mit sich umgehen, ohne Schaden zu nehmen.

Oder wie anders sollte man, um nur einige Daten aus der jüngsten Praxis der politisch tätigen Amtskirche, sei sie nun klerikal zu nennen oder laikal, das heißt von denen herkommend, die sich mit bischöflichem Segen unter ausdrücklichem oder stillschweigendem „christlichen" Vorzeichen als verlängerter Arm der Kirche in der Parteipolitik tummeln dürfen, all das verstehen, was einem da unverfroren genug angedient wird? Das schlimme Beispiel der Neutralitätsthese etwa oder die Theorie von der sogenannten „Äquidistanz" der Kirche zu allen Parteien. Ich halte ein solches Vorgehen und seine Rechtfertigung, um nicht zu sagen prostitutive Ideologisierung durch die entsprechenden Leute für nichts anderes als für die angstvolle Suche nach einer neuen geistigen Zufluchtsstätte derjenigen, die heute in der Regierung nicht so mitreden können, wie sie es gewohnt waren, für die sich aber in der von ihnen so lautstark beanspruchten „Mitte" noch stets ein Plätzchen gefunden hat. Oder wollen sie etwa ihre „Neutralität" nicht doch nur in einem ganz bestimmten Sinn verstehen, nämlich als kirchentaktisch in der gegenwärtigen Durststrecke hervorragend auswertbare Leerformel eines nivellierungsfreudigen Bürgertums, dessen für sich selbst und für seinesgleichen reklamierte „Äquidistanz" noch immer eine tüchtige Schlagseite nach rechts hin aufzuweisen hatte, mochten sie es drehen und wenden, wie sie wollten? Weshalb nur, so müssen wir fragen, beschämen solche Kirchenpolitiker immer noch den Rest des Gottesvolkes, indem sie ihm nicht einmal mehr ein gutes Gedächtnis zutrauen, ein Gedächtnis nämlich, das sich daran erinnern könnte, daß sehr viele Priester seit eh und je weder Neutralität noch Äquidistanz zu erkennen gaben, weil sie eben

Parteimitglieder sind und bleiben, wenn auch anderswo, und weil sie eben unverhohlene Interessenpolitik, wenn auch andersgelagerte, betreiben? Ob diese Augenwischerei noch etwas mit Ehrlichkeit, ob sie noch etwas mit Wahrhaftigkeit, mit Moral gar zu tun haben kann? Oder ist es etwa moralischer, schon wieder das böse Wort von einem „linken Klerikalismus" in die Debatte einzubringen und Assoziationen an die Zentrumsprälaten von einst zu wecken, ja selbst Emotionen in allen politischen Parteien anzustacheln, nur weil neuerdings eine Handvoll von Priestern aus der großen Masse der uniformiert Christlich-Politischen auszuscheren beginnt? Wäre es nicht moralischer, sich der eigenen Engagements zu erinnern und die entsprechenden Argumentationen zu überprüfen, als den wenigen, die sich zudem genau an den Buchstaben des Gesetzes, auch des kirchlichen, auch des im Reichskonkordat festgelegten, halten, mit öffentlichen Resolutionen, ohne jede vorausgehende Diskussion in der Öffentlichkeit, ohne jede Rücksprache mit den Beteiligten in Fulda verkündet, begegnen zu wollen, als bedürfte es noch eines Beispiels für die erwähnte Besserwisserei und Fürsorglichkeit der Lehramtsträger? Weshalb nur, so fragen wir weiter, lassen solche Leute nicht von ihrer Kodifikationsmanie, warum in aller Welt fallen sie immer wieder auf die Scharfmacher unter ihnen herein, weswegen nur tragen sie ihr Gettotum noch auf die Straße und spielen Martyrer, warum nur fehlt ihnen jedes Gespür dafür, daß so viele andere, die sich ganz bescheiden auch noch „Christen" nennen wollen, all diese Aufzüge entsetzlich banal finden müssen?

In welcher Ecke des Schriftverständnisses muß man denn angesiedelt sein, um so vieles als „christlich" verkaufen zu können und gar noch die Stirn zu haben, dieselbe Einschätzung von seinen Pflegebefohlenen zu erwarten? An Beispielen dafür fehlt es leider kaum: So werden „Wohlstand und Sicherheit", obgleich nur zum „Gemeinwohl" hinauf verallgemeinerte Erfahrungen einer privilegierten Mittelschicht, zu der eben auch die Kleriker gehören, als Erfolge einer spezifisch „christlichen" Politik gepriesen, und das über Jahre hinweg, ohne daß nur ein Bischof auf die Idee käme, nach der Schriftgemäßheit dieser Postulate zu forschen. So sehen kirchliche Amtsträger hierzulande den Staat bereits deshalb in einen Kulturkampf (man erinnert sich, wieder so ein Reizwort für die Ungesicherten!) schlittern, weil Interessen und Privilegien, die ein römisch-katholisches Klassenrecht früherer Zeiten diesem abgemarktet hatte, nun überprüft werden sollen – und

26

niemand von den nach eigenem Anspruch für das Evangelium Jesu Christi Verantwortlichen wird ob solcher Obszönitäten rot, geschweige denn er versucht, es all den in Unwissenheit gehaltenen Mitchristen klarzumachen, daß die wahre Kirche Christi nun doch nicht auf derlei gegründet ist, ja nie sein konnte.

Leichter ist es da schon, all dies in einem Dunstkreis des irgendwie Christlichen verbleiben zu lassen, Analysen zu unterbinden, Aufdeckungen zu verhindern, denn so, nur so regiert es sich auch in der Kirche leichter, oder besser ausgedrückt, nimmt die Fürsorglichkeit der Hirten keinen allzu großen Schaden. Aber: von Moral sollte man da nicht reden, wo ihre Vorbedingungen fehlen; wo etwa wortgeübte Strategen der Tabuierung und Immunisierung kirchliche Verfassungsstrukturen, die – fast unverändert von den Herrschenden des Mittelalters übernommen – erschreckende Nachholbedürfnisse in Sachen demokratisch fundierter Politik und bare Unfähigkeiten in Fundamentaldemokratie überhaupt bewirkt haben, ja bewirken mußten und müssen, derart mystifizieren, daß diese, gleichsam vom gesellschaftlichen Wandel unberührt, dem Normalchristen, der einfach zu glauben sich bemüht, wie unvergängliche, von Gott selbst geoffenbarte Werte erscheinen müssen.

Von Moral kann man ganz sicher nicht bei einem System reden, das in seiner – quasidogmatisch abgesicherten – Fürsorglichkeit gegenüber dem anvertrauten Menschen übersah, übersehen mußte, wie jede Affenliebe übrigens, daß es lebendige Menschen, teuer erkaufte Christen gar, zum bloßen Gegenstand seiner Lenkung machen mußte; und dies zu allem Überfluß noch auf Gebieten, die wie etwa die Politik genuin diesen selbst angehörten; daß Nicht-Objektivierbare vergegenständlicht wurden, daß Freie von Systems wegen in Unfreiheit überführt werden mußten, daß plötzlich Kindereien an die Stelle der Kindschaft traten, daß Infantilismen zu wuchern begannen, bare Unmündigkeiten, wie man sie im kirchlichen Bereich nach oben hin zu leben gewohnt war, auch zum politischen Lebensinhalt zu werden drohten.

Nicht genug der Perversionen unter christlichem Vorzeichen: Kritik an solchen Traditionen und ihren Verfechtern, die sich eigentlich vor der menschlichen Freiheitsgeschichte schamhaft verstecken müßten, kennten sie diese überhaupt oder nähmen sie diese nur halbwegs ernst, wird, in völliger Umkehr der Verhältnisse, als moralische Schuld disqualifiziert, ein entsprechendes Verhalten amtlicherseits nach unten hin als verderblich dargestellt. Auch die neuerdings wieder häufiger anzutreffende Berufung auf die „theologia crucis" kann nicht darüber hinwegtäuschen, daß diese, beschämend amoralisch genug, dazu herhalten soll, die konkrete Überwindung von global-theoretisch zugestandenen Mängeln im Systemgefüge der Altkirche zu blockieren. So kann, folgt man gewissen Denkansätzen, die Demokratisierung der Kirche, von weitergehenden Reformen gar nicht zu reden, unter Berufung auf die Schrift gestoppt werden.

Nun gut, solchen Theologen ist nicht mehr zu helfen. Doch bleibt noch eins: Wie mag es wohl um die ihnen anvertraute „Herde" (wir sind wieder bei der Schrift!) stehen? Darf sie nur, bei diesem Sachverhalt, aus politischen Schafen bestehen, denen die Hirten das Futter vorkauen? Es scheint wirklich so: Der Katholik, nach kirchlicher Lehre in einem hierarchischen Gefüge beheimatet, in welchem für ihn gesorgt wird, ist so ganz nebenbei auch noch Staatsbürger, und das, für manche leidvoll genug, in einer Demokratie. Wie aber soll er, der Bürger zweier Welten, die Gratwanderung zwischen Monarchie und Demokratie, die ihm, falls er alles glaubt, was man ihm in seiner Altkirche sagt, täglich auferlegt ist, bestehen? Im Staat darf er wählen, in seiner Kirche kaum; im Staat darf er mitbestimmen, wenigstens ansatzweise, in der Kirche nicht einmal in Ansätzen. Und so geht es fort. Das Schlimmste aber ist, daß man ihm einzureden sucht, dieser vordemokratische Zustand in seiner Kirche sei eben eines der Kennzeichen der wahren Kirche Jesu Christi. Kann man da denn nicht verstehen, daß er, des ständigen Hin und Her überdrüssig, schließlich resigniert? Wie anders soll man die ungebrochene Staatsunlust so vieler Katholiken zu erklären suchen? Kann man von derart Indoktrinierten, von auch politisch von oben her wie seit eh und je Umsorgten im Ernst schon jetzt etwas anderes erwarten als eine auch politisch eingefärbte Allianz gegen alles Neue, gegen „Systemveränderer" zumal? Müssen nicht so viele Desiderate und Kampfparolen der neuen Zeit auf ihn, den typischen Christen der gestrigen Ordnung, der sein Mandat auch in politischen Dingen an eine Art kirchlicher Lebensversicherung abgetreten hat, wirken wie ein Sturmangriff auf dieses „sein" Christentum, das doch immer mehr zu einem Synonym für bourgeoise Vorstellungs- und Erziehungsmodelle herabzusinken droht? Kann man es ihm verdenken, daß er den zu keiner Zeit fehlenden Propheten glaubt, die ihm einreden wollen, die patriarchalisch strukturierte Familie etwa sei als Keimzelle des Staates hinreichend politisch, der Staat hinwiederum eine gottgewollte Kombination von subsidiär abgesicherter Fürsorglichkeit und öffentlicher Sittengarantie, die „Totalpolitisierung" aller Lebensbereiche für Christen ein Greuel, die „Demokratisierung" aller gesellschaftlichen Teilgebiete nur die Ausgeburt innerweltlicher Erlösungstheorien? Kann man seine Abendlanduntergangsthesen nicht verstehen, nicht seine oktroyierten Lieblingsthesen auch von den Bollwerken, vom geistigen der möglichst uniform von oben geprägten Ideologie, vom militärischen des „antikommunistischen" Kampfes? Ist es da nicht allzu verständlich, daß viele in der Altkirche sich allenfalls auf caritativem bis sozialem Gebiet öffnen, auch wenn gerade hier noch viel privatistisches Durcheinander herrschen mag, auf geistig-geistlichem bis politischem jedoch die bestehenden Fronten gegen jede „Systemkritik", wie sie wirkliche und nicht nur taktische Neuansätze zu nennen belieben, abzusichern suchen?

Man muß Einsicht haben, gerade auch auf kirchlich nicht gebundener Seite, mit all den vielen Mitbürgern, denen ständig suggeriert wird, sie müßten an ein bestimmtes System glauben; an ein System, das schlicht antidemokratisch, weil früheren Herrschaftsorganisationen adaptiert, ist und bleibt und das, unter Denkaskese, ja unter Verzicht auf gläubiges Weiterforschen, noch als „biblisch" fundiert angepriesen wird. Denn es steht ja bis in Details hinein in der Frohbotschaft Christi nachzulesen, daß etwa die innerkirchliche Machtausübung exklusiv einigen Amtsträgern vorbehalten ist und daß sie nicht nach den modernen rechtsstaatlichen Grundsätzen der Gewaltenteilung zu geschehen hat, so daß jeder Hypertrophie oder Willkür von Einzelgewalt in einem das Gleichgewicht stabilisierenden Kontrollsystem wirksam begegnet werden könnte. Es ist selbstverständlich auch völlig unmoralisch, darauf hinzuweisen, daß „Dienstvollmacht", so gebräuchlich die Rede von ihr neuerdings in kirchenamtlichen Verlautbarungen auch sein mag, so lange ideologisch mißbraucht wird, wie man sie zur Verschleierung des ungeklärten Sach- und Rechtsverständnisses gleichsam wie ein ethisches Postulat benutzt und sich nicht öffentlich der Frage zu stellen wagt, ob Vollmacht in der Kirche denn als eine von Gott, nicht vom Volk ausgehende Gewalt nun auch schon in sich so unteilbar mit einem Kirchenamt verbunden sein müsse, daß der menschlich immer mehr überforderte Amtsträger letztentscheidende legislative, exekutive und richterliche Instanz bleibe.

Ebenso amoralisch, ja böswillig ist natürlich auch der Hinweis auf die Lust so vieler, das gegenwärtige System von unzähligen Dispensen, eine fragwürdige Lösung schon zu Zeiten des letzten Konzils, noch auszubauen, obwohl es auf sanfte Art stets neue Abhängigkeiten schafft: Abhängigkeiten des Laien vom Klerus und des niederen Klerus vom höheren, und obwohl es trotz seiner Vorzüge gegenüber manchen säkularen Modellen die Multiplikation geistlicher Macht bis in den Gewissensbereich des einzelnen hinein betont, welcher von so einer „multiplizierbaren Barmherzigkeit" schier erdrückt zu werden droht, von den Versuchungen eines handfesten Paternalismus schon gar nicht zu reden. Es grenzt auch bereits an Böswilligkeit, daran zu erinnern, daß Abweichungen („Häresien") und Verstöße nicht nach etwaigen Regeln neuzeitlicher Konfliktsforschung, sondern mit Hilfe eines mittelalterlichen defensiv eingestellten Straf- und Prozeßrechts geahndet werden (geheimnisvolle Höchstgerichte, Sondergerichtshöfe). Noch böswilliger indessen ist der Hinweis auf die Tatsache, daß systemverändernde und machtverteilende Einflüsse mit Hilfe von Alibireformen und Surrogatlösungen wiederum „biblischen" Zuschnitts (Beispiele: Neuordnung der Bischofswahl, Mischehenreform, päpstliche Gesandte) aufgefangen werden sollen. Die römische Altkirche versucht somit, trotz aller gegenteiligen Beteuerungen in der Phase nachkonziliarer Hochstimmung, die allen möglichen Leuten außerhalb des Systems, Politiker aller Parteien nicht ausgenommen, Sand in die Augen streuen konnten, die schon überholt geglaubte und im eigentlichen indiskutable Klassengesellschaft von einst erneut zu etablieren. Wer die kirchenrechtlichen Neuansätze der letzten Jahre aufmerksam genug auf ihren eigentlichen Kern hin durchforstet und sich dabei von der verblüffend mittelalterlichen Einkleidung kurialer Sprache nicht blenden läßt, muß zu dem Ergebnis kommen, daß sich nichts Wesentliches geändert hat: nicht der Hang zur Bewahrung aller früheren Privilegien, nicht die Tendenz zu elitär angehauchtem Führertum, nicht die Suche nach detaillierter Wahrung des kirchlichen Besitzstandes von ehedem, nicht das sorgfältige Pflegen bestimmter systemtragender Ideologien, nicht der Verzicht auf das Einbeziehen und Ernstnehmen der eigentlich geschichtsfähigen Basis, der „Herde" nämlich, nicht das Auseinanderdividieren in Großgläubige und in Abweichler, nicht das Innehaben-Wollen kirchlicher Alleinvertretungsansprüche, auch nicht die mannigfachen Kompetenzüberschreitungen gegenüber dem Staat.

Nur so kann man zu erklären versuchen, daß der „Laie", ansonsten ein halbwegs mündiger Bürger, in der Kirche nach wie vor fast per definitionem der Ohnmächtige bleiben muß (c. 118 des kirchlichen Gesetzbuches); daß heiratswillige Kleriker aus ebenso lächerlich wie peinlich anmutenden Gründen (der Schriftbeweis wird nachgeliefert!) durch Rechtsakt wieder zum „Laien", ja zum „Straflaien" herabgestuft werden; daß Rechenschafts- und Begründungspflichten dem klerikalen Amtsträger einfach nicht zugemutet werden können; daß die Presse, sonst ein so unangenehmes Organ der Kritik an den Mächtigen, daß sie selbst schon wieder zur Macht wird, in der Kirche nur als absolut „regierungsfreundlich" einzustufen ist; daß eine institutionalisierte Diskussionsbasis in der Kirche, eine wirkliche Opposition gar, immer noch fehlt (der Schriftbeweis wird nachgeliefert?); daß strenge Geheimhaltungsvorschriften die Gefahr einer „Kabinettspolitik" an den Untergebenen vorbei nur noch verstärken, und was es sonst noch alles geben mag.

All die angeführten Fakten aber sind ja wohl, wie gesagt, beispielhafte Vorbedingungen politischer Sittlichkeit, Konditionen für das moralische Handeln von kirchlich gebundenen Demokraten. Nur, man sollte auf seiten der Politiker diese Tatsachen nun nicht einfach so hinnehmen, als stellten sie Interna einer bestimmten Gruppe in der Gesellschaft dar, als hätten dies die Christen füglich unter sich selbst auszumachen. So naheliegend diese Ausflucht ist und so häufig man sie aus Politikermund hört, es geht um viel mehr, denn sehr viele Menschen in unserem Staat sind davon betroffen, und sei es manchen von ihnen noch nicht einmal bewußt geworden. Es kann doch wohl auch von denjenigen, die Religion nur für eine Privatsache halten, erwartet werden, daß sie nicht mehr so unbeteiligt bleiben, wenn viele ihrer Mitbürger neuerdings mehr und offener denn je an einer Kirche leiden, auf die sie ihr Vertrauen zu setzen bereit waren und sind, und wenn sie, überrascht genug, erleben müssen, wie viele Politiker es nicht unter ihrer demokratischen Würde finden, dieses Leiden nicht ernst zu nehmen, ja von neuem und in ganz neuen Konstellationen wieder ihre, und sei es nur wahltaktische, Zuflucht zu den Vertretern der Altkirche zu nehmen suchen.

Soll es etwa wiederum nur zu einem Gespräch unter den hier wie dort Etablierten kommen, zu einem mehr arrangierten als engagierten Sprechen unter den jeweils Mächtigen, die gar nicht anders zu können scheinen, wollen sie und ihr System überleben? Sollen durch die Annäherung der Spitzen zugunsten eines relativ gesicherten Sta-

tus quo mit bereits aufgeschlüsselten Einflußsphären die jeweiligen
Gesprächspartner und ihre Themen ein für allemal okkupiert werden? Käme es nur so weit, kümmerte man sich nicht um die bislang
vergessenen „Gläubigen", so hätten sich die offiziell Autorisierten,
die Weisungsgebundenen, die alle Außenseiter nur Duldenden, ja die
alle Kritik Disziplinierenden des Gesprächs bemächtigt. Man wird
also recht sorgfältig und in aller Öffentlichkeit darauf zu achten
haben, wer sich mit wem nur deswegen verbündet, um im eigenen
Lager gegen unliebsame Dritte freiere Hand zu haben. Man wird
ebenso darauf achten, ob die eigentlich betroffene Basis, das Wähler-
potential, die „Herde", je nachdem man es nimmt, ausgeklammert
wird, und sei es bei neuen Abkommen und Verträgen; ob also wieder
nur die Hoftheologen beider Seiten gefragt werden, die mit Hilfe
ihrer jeweiligen Ideologie alles und jedes decken können, immer
haarscharf an den Menschen vorbei, die den Kairos in allem zu entdecken bereit sind, schon weil sie für alle Utopismen gleich anfällig
zu sein scheinen, von den Faschismen gleich gar nicht zu sprechen.
Man wird auch darum besorgt sein, das spezifisch katholische Defizit
in Sachen Demokratie und seine „biblische" Bemäntelung nicht weg-
diskutieren zu lassen, sondern es allen, die davon hören wollen,
innerhalb wie außerhalb der Kirche, aufzudecken. Denn, offen gesagt,
der Informationsrückstand auf beiden Seiten ist erschreckend. Wie
aber sollen Partner an der Basis miteinander reden, wenn dauernd
die Gefahr besteht, das Gegenüber als ein in sich gefaßtes Unicum
zu betrachten, mit dessen Obrigkeit man sich eben, halbherzig genug,
arrangieren müsse? Es sei erlaubt, in diesem Zusammenhang so ganz
am Rande auch daran zu erinnern, daß „uninformierte" Basis sich
so lange auch in den Ministerien des Staates und in den Parteizen-
tralen finden wird, wie man das konkrete Geschäft politischen Aus-
handelns den Fachleuten der anderen Seite zu überlassen bereit ist;
Fachleuten, die ihrerseits versuchen werden, ihre Auffassungen von
„Kirche in der Welt", und das nach obigem Muster, also genuin biblisch, durchzusetzen, und das bis in juristische Details hinein, Auffassungen jedoch, die längst von denen des so verwalteten Volkes,
das ja gar nicht um seine Meinung gefragt werden kann, ja nicht einmal befragt werden muß, abweichen. Solange aber Institutionen der
staatlichen Ordnung einseitig dienstbar gemacht werden können, ist
die staatliche Gemeinschaft nicht mehr in Ehren für alle Glieder der
Gesellschaft lebbar, das Gemeinwohl nicht unwesentlich tangiert. Man

wird somit gerade aus diesem Grunde noch so manche innerkirchliche Auseinandersetzung an den Staat und seine Einrichtungen herantragen müssen und wohl auch erwarten können, daß sich dieser nicht mehr so simpel wie bislang das amtskirchliche Vorstellungsvermögen zu eigen macht, und werde es ihm immer noch als „genuin katholisch" verkauft.

Andernfalls macht sich das staatliche Gegenüber mitschuldig an einem aus der Lehre der Amtskirche stammenden Verfall demokratischer Gesinnung, ja, es wird ebenso blind wie diese für die Tatsache, daß ein altes und sehr stolzes Gebäude vor aller Augen zerbröckelt, daß wir gegenwärtig den inneren Verfall eines sich immer als besonders geschlossen darstellenden und kirchenpolitisch höchst bedeutsamen Systems miterleben. Ob es nicht an der Zeit wäre – auch dies ein kleiner Beweis moralischer Gesinnung –, sich darauf zu besinnen, daß die „Fürsorgezeit" ein für allemal beendet ist, daß aus politischen Schafen Menschen werden, daß selbst der Großkirche nur noch die Sackgasse des Gettos offensteht, falls sie nicht von einigen ihrer Lebenslügen Abschied zu nehmen bereit ist? Eine von diesen aber ist die der „Totalabsorption" des Christen durch seine Kirche, die dazu geführt hat, so etwas wie einen „katholischen Block" zu postulieren.

2. Katholischer Block
oder: Müssen Christen wegen des § 218 auf die Straße?

Über Jahrzehnte hinweg konnte man an der katholischen Altkirche römischer Prägung vor allem deren bestechende Geschlossenheit in Lehre und Disziplin bewundern hören, der keine andere Gemeinschaft auch nur entfernt Vergleichbares an die Seite zu stellen hatte. In der Tat war es gelungen, auf der solid biblischen Basis der Herdenideologie, von der bereits die Rede war, ein Gebäude zu errichten, das seinesgleichen suchte. Nur, erst heute muß man in zunehmendem Maße erkennen, daß auch hier nicht alles so glänzend war, wie es so lange geschienen hatte: Die Fassade, das „Haus voll Glorie" strahlte, doch das Gebälk war schon seit langem morsch. Gerade dies aber wollen durchaus noch nicht alle wahrhaben. Allerdings bemerken heute immer mehr Leute, daß sich mitten unter uns ein gigantischer Kampf um ebendieses System vollzieht, ein oft mit sehr unchristlichen Mitteln ausgetragener Bruderzwist zwischen den Angreifern und den Verteidigern.

Es gibt ja wirklich etwas zu verteidigen: das seit Jahrhunderten in exklusiver Geltung befindliche Modell einer total-absorbierenden Kirche etwa, die Konzeption nämlich einer im Gefolge eines Prozesses der Internalisierung begrenzter Weltperspektiven strikt nach innen disziplinierten und nach außen möglichst stoßkräftigen Gruppe, über deren Rolle als Majorität oder Minorität innerhalb der jeweiligen Gesellschaft ruhig diskutiert werden durfte; konnte diese doch im wesentlichen, und nicht selten durch wahre Kabinettstückchen kirchlicher Rechtspolitik, wieder in einen sakralen Sonderraum hinein aufgehoben werden.

Hinter diesen wenigen Sätzen verbirgt sich ein ausgesprochen wichtiges Problem, eine Wahrheit auch, die allerdings zuerst persönlich erfahren sein muß, um mit Überzeugung bekannt werden zu können. Ganz sicher darf man jedoch, gerade auch vor dem nicht geringen Anspruch einer exakten Glaubenswissenschaft, die zugrundeliegende Frage nicht nach Art all derer abhandeln, welche, im selbsterrichteten Getto ihrer eigenen Wahrheit eingesponnen, die Ansicht favorisieren, es gebe auch in der Kirche nur ein simples Alles oder Nichts, ein Sich-Ausliefern – und das an eine als „zeitlos" charakterisierte hierarchische Kirche – oder ein Draußen-Stehen, und das für immer. Solche Leute übersehen schon zu Beginn der Diskussion, daß ihr so triumphalistisch hochgelobtes Koordinatensystem seine Probe im Leben, auch im politischen, kaum je bestanden hat, ja aus Gründen, auf die noch einzugehen sein wird, gar nicht bestehen konnte. Die meisten von ihnen bemerken leider überhaupt nicht, daß auch sie selbst nur „partiell identifiziert" sind, auch wenn die Klügeren unter ihnen es noch nicht zugeben wollen. Sie verdrängen in der nachkonziliaren Phase schon wieder, verhindern Aufdeckungen, arbeiten an deren neuerlicher „Wegschiebung", statt einem so heiklen Problem und seinen – auch politisch bedeutsamen – Konsequenzen nüchtern genug zu begegnen.

Will man nun der Frage nach dem „katholischen Block", nach der „Totalabsorption" schlechthin, nachgehen, so bleibt einem die Beschäftigung mit der eingefahrenen Terminologie der bisherigen Schultheologie kaum erspart. Diese spricht in immer neuen Ansätzen und in wechselseitigen Zitationen der Handbücher davon, daß der Kirche ein bestimmtes Glaubensgut („depositum fidei") anvertraut worden sei, das sie unverfälscht und unverkürzt zu bewahren und zu tradieren habe. Aber nicht genug, daß sie den objektiven Inhalt der Glaubenslehre gegen Umdeutung zu „sichern" hat, es obliegt ihr auch die Sorge um die willige Übernahme dieses Gutes durch den Menschen. In diesem Bemühen sieht die Altkirche sich tatkräftig unterstützt durch bestimmte Formen der Identifikation, welche das Christentum auf eine ganz bestimmte Konstruktion festlegen konnten und darin durch die großen Synthesen des Mittelalters bestätigt wurden. Es handelt sich, verkürzt gesagt, um das Modell einer sakralen Gesellschaft mit einem Autoritätssystem, das als Widerspiegelung der göttlichen Herrschaft nach Art einer beinahe unveränderlichen Pyramide aufgebaut war, einer geschlossenen Gesellschaft von relativ einfachen autonomen Körperschaften, einer segmentierten Gesellschaft, in welcher das Organisationsmodell auf den verschiedenen Ebenen jeweils wiederkehrte.

Die skizzierte Vorstellung der im einen Bekenntnis und in der einen Disziplin uniform geprägten Gruppe dürfte wohl seit Jahrhunderten so verfestigt sein, daß es nur schwer gelingen wird, sie ohne eine prinzipielle und schon deswegen nicht gerade risikofreie Bewußtseinsänderung aufzubrechen. Noch eher könnte sich Resignation ausbreiten, wenn man die ständigen Bemühungen eines „heiligen Restes" verfolgt, mit Hilfe einer „Überorthodoxie" und eines Loyalitätsanspruchs ohne Beispiel alles so Bestehende abzuschirmen und den Mächtigen in der Kirche für ihre wie immer geartete Tätigkeit gleichsam als deren folgsame Lautverstärker noch theologische Argumente nachzureichen. Nur mit innerer Bestürzung kann man zudem auf die immerwährende Versuchung reagieren, die traditionellen Auffassungen schnell entschlossen zu vereinfachenden, ja fast schon „orthogonalen" Konstruktionen auszubilden, den Glauben also handlich zu machen, wenn nicht zu simplifizieren, um aufgrund dieser Verfügbarkeit, ja Handlichkeit der Lehre eine besondere Fügsamkeit des so umsorgten Volkes zu erreichen. Schlimm wird es, wenn sich aus diesen Anstrengungen ein Überlegenheitsgefühl einer bestimmten Schicht, hier vor allem des sogenannten „Klerus", innerhalb einer Kirche oder gar die Überheblichkeit einer einzigen Kirche, der römischen nämlich, gegenüber anderen Kirchen entwickelt, welches mehr und mehr den Platz der unter Christen unerläßlichen Schuldbekenntnisse einzunehmen bereit scheint.

Die vom System beanspruchte innere Exklusivität, die den einzelnen materiell wie formell total aufsaugen möchte, verlangt mit beinahe tödlicher Folgerichtigkeit eine innere wie äußere Abgrenzung. So versucht eine gewisse, von moderneren Fragestellungen überforderte, ja wohl schon seit langem denkentwöhnte Schultheologie, ihre Daseinsberechtigung in einem harten Kern des Unaufgebbaren zu finden. Es darf keinen, der eine Ahnung vom Zusammenhang von Glaube und Recht für sich reklamiert, verwundern, wenn der Rechtsordnung im Zuge dieser Bemühungen der Charakter eines uneinnehmbaren Bollwerks zugeschrieben wird, obgleich sie gerade dies trotz aller Sehnsüchte nicht sein kann, ja nicht einmal sein darf; es sei denn, man widerspreche im Ernst der Meinung, gerade die Glaubensschwäche begünstige starke juristische Strukturen, nicht zuletzt solche, die von Staats wegen abgesichert sind wie etwa hierzulande. So können sich ja nach wie vor das kirchliche Gesetzbuch und manche staatskirchlichen Abmachungen noch darstellen als der (beinahe) perfekt gelungene Versuch, mit Hilfe parastaatlicher Strukturen aus der Zeit, da man hier und dort noch von einer „societas perfecta" träumen durfte, ein bestimmtes Glaubens- und Rechtsbewußtsein (wenn auch längst überholter Zeiten!) gegen alle Abweichungen zu verteidigen oder vom weltlichen Arm verteidigen zu lassen.

Dabei scheint die herkömmliche Sicht einer Kirche der Totalabsorption – es konnten ja nur wenige Konturen gezeichnet werden – so wenig theologisch haltbar und juristisch konsequent genug durchführbar zu sein, daß sich schon das letzte Konzil erhebliche Abstriche von dieser Konzeption zu machen genötigt sah. Die theologische Kritik setzt ja schon bei der dogmatisch nur als fatal zu bezeichnenden Auffassung von einer gleichsam „totalen" Kirchengliedschaft ein, welche eine einseitig immobilistische Identifikation des einzelnen mit der konkreten Kirche und ihren Tagesmeinungen nahezulegen schien: eine gefährlich verengte Sicht mithin, denn schließlich wird nach wie vor versucht, die reale innerkirchliche Lage, das nur partiell Identifiziertsein der meisten Christen, das nuancen- und facettenreiche Mitspielen oder Sich-Verweigern, ganz im Stil der „Volkskirchen"-Ideologie, wie man sie auch als Basis der Konkordate bis zum heutigen Tag zu kennen glaubt, lediglich moralisierend, nicht aber handfest dogmatisch-kirchenrechtlich aufzuarbeiten. Diese Auffassung ist dewegen so gefährlich, ja im eigentlichen amoralisch, weil unehrlich, da sie allzu schnell das wirkliche Problem in die aszetisch verdorbene Sphäre des Gehorsams, was immer man unter dieser

Vokabel verstehen will, verlegt; weil sie damit das „eigentlich" christliche Verhalten nach einem notwendigerweise autoritär interpretierbaren (und genauso auch ständig interpretierten) Gehorsamsmodell ausrichtet, ohne zu erkennen, daß rechtliche Autorität und Gehorsam nicht das schlechthin vorherrschende Prinzip in der Kirche darstellen können, sondern nur einen allenfalls partiellen Grundsatz, dessen Kompetenz im konkreten Fall durchaus offen bleiben und nicht wiederum von derselben Autorität, da ja keine Gewaltenteilung gegeben ist, entschieden werden kann. Die spirituelle Bestimmung von „Vollkommenheit", ein Lieblingswort bisheriger Hirtensorge, kann somit nicht nur aufgrund eines mit dem konkreten Willen der Altkirche, näherhin der Hierarchie, total identifizierten Lebens erfolgen, vor allem nicht, solange man diesen Willen in fast neuplatonisch erscheinender Machtdiffusion bis in Details hinein an einer angeblich göttlichen Letztlegitimation zu messen sucht. Die Verantwortung vor Gott, dem man mehr zu gehorchen hat als allen Menschen und der allein eine Totalabsorption fordern könnte, kann ja doch wohl nicht derart umfunktioniert werden, daß sie zu einer Verantwortung gegenüber den Alltagsmeinungen der Hierarchie zusammenschrumpft, schon weil die Hierarchie eben nicht die Kirche ist und die Kirche ihrerseits eben keine unveränderbare, sondern nur eine recht vorläufige Größe darstellt. Wie H. R. Schlette zu Recht festgestellt hat, ist daher ein Denken nach der inneren „ratio Ecclesiae" nur möglich in der bewußten Distanzierung vom Modell der totalabsorbierenden Kirche, welches auf die Dauer keine neuen Freiheitsräume, sondern nur neue und engere Kerker zulassen kann und schon von daher seine Unmenschlichkeit erweisen muß.

Eine totalabsorbierende Kirche, ihre Theologie und ihr Recht konnten zudem kaum jemals ihrer Pflicht nachkommen, die Sätze, Taten und Gruppierungen anders Identifizierter „liebend-komprehensiv" zu interpretieren, sondern mußten glauben, sie aus ihrer heilen Gettowelt entfernen zu können. Dabei kann heute kaum noch zur Debatte stehen, daß die an sich bekenntnisscheue Bewußtseinslage des neuzeitlichen Menschen, welche oft genug einen theoretischen Dissens zur amtlichen Kirche gar nicht erst aufkommen läßt, sondern sich allenfalls noch an deren „Establishment" zu entzünden vermag, durch die in ihrer Pluralität geradezu „häresoid" strukturierte Umwelt nur noch gefördert wird. Unter diesen Umständen aber sollte niemand mehr eine strikte Entweder-Oder-Situation, wie sie im Mittelalter möglich

zu sein schien, ernsthaft als Mittel zum Bekenntnis des „wahren"
Glaubens einzuplanen suchen. Vielfach sind auch die sogenannten
„Schismen" von heute nichts anderes als der Versuch von einzelnen
Gruppierungen in der Altkirche, gegen veraltete Systeme vorzugehen
und den im modernen Menschen selbst angelegten Pluralismen ein
gesellschaftliches Gesicht und Gehör zu verschaffen. Beendet sollte
daher auch der meist unausgesprochene Verdacht sein, die katholische
Wahrheit sei ausschließlich auf seiten der Mehrheit, der im „Block"
Zusammengeschlossenen, das Schisma damit bei den Minderheiten
angesiedelt, die Schuld also bei denen, die (früher einmal) gehen mußten, weil sie nicht mehr „katholisch" waren. So großzügig – und so
kleingläubig zugleich – konnte man einst mit Einzelpersonen und
Gruppen umgehen (konnte man es wirklich je einmal?), heute aber
ist dies zu Ende.
Zu den genannten Schwierigkeiten im System kommen noch spezifisch
juristische Aporien hinzu. Als Beispiele hierfür nenne ich die fortwäh-
renden und doch nie ganz gelingen wollenden Versuche, selbst die Au-
ßenlienien und Vorwerke des Glaubens in die kirchlichen Strafsicherun-
gen miteinzubeziehen, also den „erweiterten Glaubensbereich" mit Sank-
tionen zu schützen, die Quellen, die den Unglauben speisen, zu ver-
stopfen, alle Voraussetzungen des Abweichens zu unterbinden. Die
kirchliche Lehre und Disziplin hat zu diesem Zweck beinahe grotesk
anmutende Distinktionen geschaffen, alle Löcher im eigenen Netz
konnte sie nie flicken – und wird es auch nie können. Wie man noch
vor einiger Zeit die heilsam bittere Erfahrung machen mußte, daß
mit Hilfe von Kreuzzügen und Religionskriegen nichts anderes zu
erreichen ist als ein kriegerischer Verrat an der Sache des Herrn,
so entdecken manche erst heute, daß auch die Suche nach prozessualer
Beweisbarkeit, wie sie durch das Wort „Inquisition" hinlänglich charakterisiert sein mag, nur den untauglichen Versuch darstellt, ein
schnelles Auto mit altgewordenen Bremsbelägen zu stoppen.
Weist jedoch die Einsicht, daß selbst die wahre Kirche niemals ihre
eigene Wahrheit, Zielsetzung und Vollkommenheit definitiv ergriffen zu haben für sich beanspruchen kann, einen gewissen Wahrheits-
gehalt auf, so folgt, wenigstens für uns, daraus, daß gerade auch die
rechtliche oder die politische Fassung des kirchlichen Wollens nie
einen hermetisch in sich abgekapselten Raum ergeben kann, sondern
prinzipiell offen bleiben muß; so daß in ein und derselben Kirche
verschiedene Gruppierungen nebeneinander bestehen bleiben können,

ohne daß die eine der anderen mit letzter Verbindlichkeit vorwerfen könnte, sie habe, in politischen Dingen zumal, die Endwahrheit verfehlt. Diese Auffassung steht allerdings all dem diametral entgegen, was man allzu lange gelobt hat: einem Sich-Gesichert-Fühlen im einen Glauben nämlich, über dessen Einzelausprägungen man sich doch billigerweise unterhalten könnte und müßte; einer nur aufgezwungenen Toleranz gegenüber anderen Systemen; einer Blindheit gegenüber anderen Entwicklungen und Aufgaben, die zu allem Überfluß auch noch mit einem peinlich anmutenden moralisierenden Anspruch auftritt, um den Denkverzicht mit radikaler Glaubensstärke zu kaschieren; einer Universalität des Glaubens, penibel gehütet, aber universal nur dem Buchstaben nach, nicht aber nach der Mentalität.

Mit der Grundsatzentscheidung für eine Kirchlichkeit aufgrund nur partieller Identifikation, die auch politisch bedeutsam werden wird, ist nun aber keineswegs, wie man unterstellen könnte, die Notwendigkeit einer kirchlichen Gesamtordnung bestritten oder das Bekenntnis des Glaubens relativiert. Es wird ja heute allzu leicht übersehen, daß die Aufbruchbewegung unter der Jugend von einem gewissen Hunger nach Beheimatung getragen wird, von einem, wenn auch nur schüchtern und oft genug mit falschen Mitteln vorgetragenen Verlangen nach glaubhaften Werten. Nur: die gesuchte Heimat braucht nicht unbedingt von denen geboten zu werden, der Hunger nicht ausgerechnet von denen gestillt, die lediglich einen Aufguß des Alten in veralteten Gefäßen anzubieten haben – und gar noch stolz darauf zu sein scheinen, daß sie sich nicht zu ändern brauchten. In der gegenwärtigen Situation, die geprägt erscheint vom Übergang zwischen mehreren, teilweise recht gegensätzlichen Systemen und Meinungen, wird man sich vielmehr, schmerzlich genug, auf das Wagnis einzulassen haben, einen über Jahrhunderte recht behaglich eingerichteten Wohnraum verlassen und in eine fast durchweg ungesicherte Zukunft hineingehen zu müssen. Wer das nicht offen genug sagt und sich stattdessen in Träumereien über die gute alte Getto-Zeit oder in Utopistereien über eine allzu ferne und gar sorgenfreie Zukunft verliert, weist einen falschen Weg und erweist niemandem einen Christendienst, sondern handelt unverantwortlich, unmoralisch.

Viel moralischer, eine echte Vorbedingung sittlichen Handelns und Lehrens wäre hingegen das Betroffensein der für den früheren Zustand mitverantwortlichen Kreise in der Kirche, die wohl kaum in den

Reihen der einfachen Gläubigen, der „Herde", zu suchen sind. Allzu lange hat man sich ja bemüht, Kriterien für die „wahre" Kirche aufzuzeigen, und in dieser Anstrengung auch echte Ergebnisse erzielt: Man denke doch nur an all die „Noten" der Katholizität, der Apostolizität und wie sie alle heißen mögen, welche zugleich als Basis für leicht abwertende Seitenblicke auf nicht so wahre kirchliche Gemeinschaften dienen durften. Wer aber von diesen Apologeten ist je auf die Idee gekommen, die Tatsache öffentlicher Schuldbekenntnisse für ein solches Kriterium zu halten? Die fast vollständige Abwesenheit von öffentlicher Demut, von Bekenntnissen, daß man verzögerte Glaubens- und Rechtsentwicklungen (wie etwa in Sachen Geburtenregelung, konfessionsverschiedene Ehe, Laisierung) und das aus diesen resultierende Leid von Millionen von Mitchristen mitzuverantworten hatte und immer noch hat, gehört zu den erschreckendsten Erfahrungen, die eine junge Generation in der heutigen Altkirche machen muß, nicht jedoch die interessierte Depression von Amtsträgern, die um ihr System fürchten.

Hilfreicher, und dies auch für Politiker außerhalb der Kirche, erschiene demgegenüber, bereits an dieser frühen Stelle der Argumentation, der Versuch, auf dem Hintergrund dieses Betroffenseins einige Hilfslinien für das kirchenpolitische Handeln der Zukunft aufzuzeichnen, konkrete Utopien gleichsam, eigentliche Vorbedingungen der Ethik. Zu diesen wäre etwa die Einsicht zu rechnen, daß alle Gesamtauffassungen von Kirche, Welt und deren Geschichte aufgrund ihrer partikulär eingeengten Ausgangsbasis begrenzt sein müssen und daher keine Totalitätsentwürfe, keine allgemein verbindlichen Maximen politischen Tuns zulassen, mit denen man sich einfach noch total identifizieren könnte; daß es des weiteren einen unleugbar legitimen Pluralismus von Daseins- und Handlungstheorien gibt, der eben für niemanden insgesamt verfügbar sein kann, und daß es nicht zuletzt deswegen so etwa wie eine „partielle Identifikation" geben darf. Von diesem Standpunkt aus, der sich durchaus auch „theologisch" sehen lassen kann, steht man all den Versuchen nur kritisch gegenüber, deren Hauptdesiderat nach wie vor eine weltanschaulich fundierte Politik des in sich geschlossenen „katholischen Blocks", und sei es in Sachen Reform des § 218 StGB, darstellt.

Die genannte partielle Identifikation wird sich vielmehr bis in jede Ortskirche, ja -gemeinde hinein einen, auch rechtlich faßbaren und politisch wirksamen, Ausdruck verschaffen müssen, und zwar in Form der verschiedensten Gruppierungen und Interessenlagen. Selbst eine innerkirchliche Parteienbildung oder die Formierung von Gruppen quer durch die Weltanschauungsgemeinschaften oder Einzelkirchen der Welt hindurch kann in Zukunft nicht mehr ausgeschlossen werden. „Demokratie", Entlassensein aus den plumpen Fürsorglichkeiten von ehedem, Besorgtwerden um Staat, Kirche und Gesellschaft ist auch in der Kirche gar nicht mehr anders möglich als mit Hilfe von formellen oder informellen Gruppen, die von unten her entstehen und sich nicht schon als Exekutivorgane des bischöflichen Leistungsamtes verstehen müssen, um anerkannt zu werden. Solche Gruppen, welche in Reaktion auf mannigfache Ungleichzeitigkeiten der Altkirche nicht selten ein kämpferisch-charismatisches Bemühen um die wahre Kirche erkennen lassen werden, einer schismatischen Tendenz verdächtigen zu wollen, hieße selbst eine aktiv spalterische Neigung verraten. Im übrigen muß sich die partielle Identifikation und ihre politische Wirkung einer am Modell der Totalabsorption orientierten Kontrolle entziehen, zumal die letztere ihrerseits wiederum im Grunde nur partiell identifiziert sein kann, auch wenn sie es noch nicht bemerkt hat oder es nicht eingestehen will. Denn schließlich besitzt auch sie infolge ihrer eigenen Verstrickung in das gegenwärtige System, das seinerseits wieder in seine spezifisch einseitige Geschichte (der „Sieger", man erinnert sich!) verwoben ist, keinen besonderen Anteil an all den theologisch legitimen Erfahrungen all derer, die man vorschnell als „partielle" oder „anonyme" Christen zu klassifizieren sich bemüht. Man wird sich also künftig mehr als bisher mit der Realität abzufinden haben, daß es eine legitime Vielfalt von Theologien und von politischen Handlungstheorien gibt und daß diese in einer gewissen Fremdheit nebeneinander, nicht aber nach dem Prinzip irgendeiner Substitution geregelt, bestehen bleiben werden. Die Stellung des bislang sogenannten „Lehramtes" zu all diesen Entwürfen wird aber erst noch zu klären sein, falls man sich eines Tages doch noch die Mühe machen sollte, das ungeklärte Problem des Verhältnisses zwischen den Episkopen und den Lehrern in der Kirche theoretisch und praktisch anzugehen und es nicht so denkfaul wie bisher in einem Niemandsland des gegenseitigen Aufeinandereinschlagens zu belassen. Jedenfalls erscheint die bisherige Sicht ziemlich verschoben, nach welcher das Lehramt mehr oder weniger offen nur sich selbst zu bestätigen hatte und niemand sich mehr darüber wundern konnte, daß immer breitere Mehrheiten in der Altkirche einer derartig hypertrophen Institution den Gehorsam aufkündigten. Je deutlicher und allgemeiner nämlich erkannt wird, daß allzu viele Entscheidungen des Lehramtes trotz ihres Anspruchs auf zeitlose Gültigkeit nicht viel mehr darstellen konnten als das verfestigte Ergebnis einer Adaptation an Vergangenes, ja, schlimmer noch, nichts anderes als Reflexe auf bestimmte Sektoren der menschlichen Gesamtwirklichkeit, welche die Kirche eben, opportunistisch genug, positiv oder negativ zur Kenntnis zu nehmen geruhte, desto schneller wird die notwendige Einsicht in die partielle Identifikation aller, und eben auch der Entscheidungsträger von gestern, heute und morgen wachsen. Solange man noch, ohne der Häresie geziehen zu werden, davon ausgehen darf, daß die bleibende Zusage des Herrn an seine Kirche nicht auf der eingebildeten Eindeutigkeit menschlicher Glaubensformulierungen und Rechtsnormen basiert, sondern auf der Macht eines Geistes, der sich kaum adäquat mit einem menschlichen Ausdrucksmittel allein identifizieren läßt, wird man also gegenüber allen Versuchen, die eigene Beschränkung, und sei sie amtlich, zum absolut verbindlichen Maß für alle hin auszuweiten, hellhörig sein.

Schließlich ermöglicht die partielle Identifikation auch eine größere Unbefangenheit anderen Gruppierungen gegenüber, zumal das demselben neuzeitlichen Emanzipierungsprozeß Ausgesetztsein aller Menschen eine gewisse Konzentration auf das menschlich „Wesentliche" hervorzubringen scheint. Geradezu plötzlich fallen ja alte Schranken, auch in den Kirchen und Konfessionen, und neue zeigen sich. Vermittelt durch die Geschichte einer mehr und mehr einheitlichen Welt, in der Religion und Kirche ihre systembestimmende Funktion zunehmend einbüßen, zeichnet sich eine neue Chance der Gemeinsamkeit ab. Unter den von Grund auf verwandelten Umständen von heute, da leidvoll erfahrene Spaltungen zwischen Arm und Reich, Nord und Süd das Bewußtsein spezifisch innerkirchlicher Querelen verdrängen, wird etwa gesamtkirchliche Caritas im Sinne einer Konzentration auf die Leiden der Gesellschaft statt auf das symptomatische Leiden an ihr zu gestalten sein und die frühere Missionstätigkeit durch die Relevanzerhöhung anderer Kirchen von innen her aufgehoben.

Käme es gar zu einem gemeinsamen Handeln aller um die eine Zukunft Besorgten, oder näherte man sich wenigstens schrittweise diesem Engagement, so benötigte dieses als Vorbedingung von seiten der christlichen Partner wohl kaum mehr wie bisher einen vorgängigen Test auf die „Rechtgläubigkeit" der Beteiligten: Richtiges politisches

Erkennen und Tun ist ja nirgendwo nur dem Glaubenden zugesprochen, auch wenn dieser gegen manche Gefahren, von denen gleich noch zu sprechen sein wird, eher gefeit zu sein scheint als andere. Die Mitgliedschaft in politischen Parteien wird dann zwar für letztlich „christliche" Begründungen offenstehen, aber nicht exklusiv auf solche zurückgeführt werden müssen, zumal keine einzige Partei in ihren Alltagspraktiken vor dem Anspruch eines radikal christlichen Gewissens standhalten könnte. Die politische Betätigung kirchlicher Amtsträger in sämtlichen demokratischen Parteien wird auch für den, der frühere Mißbräuche auf diesem Gebiet nicht zu übersehen bereit ist, selbstverständlich werden. Es wäre ja schwerlich einzusehen, weshalb ein partnerschaftliches Vorgehen aller Demokraten, auch der kirchlichen, um einmal ein nicht ganz unverdächtiges Wort zu gebrauchen, nicht gelingen sollte, befreit man es nur energisch genug von all den Kameraderien, die früher unter den hier wie dort Weisungsgebundenen üblich waren, und trägt es konsequent genug hin an die Basis, in die Niederungen gleichsam der realen gesellschaftlichen Widersprüche wie etwa der Arbeits-, Sozial- und Bildungsfragen. Denn gerade auf diesem Gebiet wird es sich zeigen, ob man die arbeitenden Massen fernab der akademischen Attitüden so vieler auch christlich-politisch ernst zu nehmen und in sein Engagement einzubeziehen in der Lage ist; ob man somit bewußt zu machen versteht, daß Geschichte nicht mehr nur erlitten zu werden braucht, sondern selbst gestaltet werden kann und muß; ob man also wegen der strikten Parteinahme für das auch mit Hilfe verbrämter kirchlicher Fürsorglichkeit in Abhängigkeit gehaltene Volk seitens des „Christentums" wie des „Sozialismus" von der Ehre sprechen darf, Christ und Sozialist in einem heißen und sein zu können. Gerade der katholische Bevölkerungsteil ist ja im Hinblick auf Mitgestaltung eigener Geschichte nicht eben verwöhnt, zumal die Rudimente autoritärer Erwartungshaltungen nach oben von interessierter Seite sorgfältig gepflegt sowie Verzichts- und Opferideologien allzu peinlich gehütet zu werden scheinen. Die sterile Tradierung von Formeln, die von der Basis weder verstanden noch geglaubt werden können, tut ein Übriges. Genuin christliche Begriffe aber, wie etwa derjenige der „compassion", der selbstverständlichen Teilnahme am Schicksal des Nächsten, sind dem mehr und mehr ausgepowerten Milieu einfach abhanden gekommen – oder wie wollten wir die gegenwärtig zu beobachtende, schon fast skurril zu nennende Scheu der christlichen Parteien vor christlichen Bekenntnisinhalten und deren Einführung in den politischen Alltag, eine Entwicklung, die hierzulande bereits einige Amtsträger der Altkirche an ihrem bisherigen politischen Engagement für bestimmte Parteien und ihre Kandidaten zweifeln läßt, anders erklären?

Nimmt man sich nun aber in der Erinnerung an die allen gemeinsamen emanzipatorischen Entwicklungen der Neuzeit auch politisch des Menschen an, so ist man zwar um wesentliche Schritte vorangekommen, doch sind damit keineswegs schon alle Schwierigkeiten behoben. Der Christ mag ja grundsätzlich um die von ihm unaufhebbare Spannung zwischen jedem auf Erden erreichbaren Zustand der Gesellschaft und dem von seinem transzendenten Gott verheißenen Reich wissen und in diesem Glauben vor politischen Verabsolutierungen jeder Art bewahrt bleiben, doch sind damit die bleibenden Ratlosigkeiten, welche sich durch billige Patentrezepte kleiner Politkleriker eben noch nie haben aus der Welt schaffen lassen, noch lange nicht tangiert. Wir sehen heute ja mehr und mehr, daß die pluralistische Lebensform, von einigen Theologen eben erst entdeckt, von anderen kaum je zu entdecken, viel zu viele weltliche Sachprobleme aufwirft, als daß man diese ein für allemal kasuistisch lösen und für diese seine Lösungen gar noch einen christlich motivierten Erkenntnisvorsprung ins Feld führen könnte. Die andrängende Vervielfachung von Gruppenegoismen in der aufgebrochenen multilateralen Kirche der Zukunft, welche die Suche nach notwendiger Solidarisierung wie nach kritischer Distanzierung schmerzlich wird ertragen müssen; die Notwendigkeit, auch in den Planungsprozessen der Zukunft Prioritäten setzen und diese programmatisch einmal festlegen zu müssen; das Problem nicht weniger Christen, es mit dem historischen Erbe einer an der Menschheit vielfältig schuldig gewordenen Machtkirche und ihren einseitigen politischen Überengagements in verschiedenen Ländern auch künftig zu tun haben zu müssen; die Angst, durch das Eintreten für die eigene Kirche einen prinzipiell antidemokratischen Faktor in der Gesellschaft, dazu noch ohne eigentlich theologische Notwendigkeit, unterstützen zu müssen und innerkirchliche Surrogate nach außen hin als Dauerlösungen vertreten zu sollen; das Problem eines „Klerus", das auch etwa nach der Einführung der „relativen Ordination" verheirateter und hauptberuflich anderweitig tätiger Männer und Frauen nicht aus der Welt geschafft sein dürfte – all dies macht ein christliches Engagement in der Politik nicht gerade leichter.

Und doch: so manches bleibt. So etwa die Forderung nach einer neuen Sensibilität und Option zugunsten derjenigen, welche aus höherem Gehorsam in Form der partiellen Identifikation alle Kirchen in die Zukunft der Welt hinüberzuretten suchen, allerdings nicht weil sie an der Aufrechterhaltung der Macht von Altkirchen interessiert wären, sondern weil sie der Sache Jesu noch immer eine Chance zu geben bereit sind. Bleiben wird auch die Forderung, das Adjektiv „christlich" nicht mehr wie bisher für Institutionen zu reservieren, sondern es für die Menschen in allen Parteien freizuhalten. Wir werden ja diesen unseren Ehrennamen von denen zurückzufordern haben, die ihn besetzt halten wollen und mit dieser ihrer Beute sogar noch auf die Straßen hinausziehen. Ja, mehr noch: nicht wenige der „Christenworte" müssen heute und in Zukunft, und zu Recht auch von Nichtchristen, denen die bisherigen Vorbedingungen christlicher Moral in der Politik einfach zuwider sind, gegen herrschende Christenmentalitäten gebraucht werden. Oder wie kann man sich, um nur ein Beispiel zu nennen, anders als eben in tätigem Mitleid zu dem Phänomen verhalten, daß die christliche Basis bis auf den heutigen Tag in einer vielfältigen von Ideologien, Paragraphen und Interessen abgesicherten Unmündigkeit gehalten werden soll? Ausgerechnet aber das Volk, das seinen Ehrentitel von dem herleitet, der Anlaß genug hatte zu sagen: „Mich erbarmt des Volkes"; „Sie sind wie Schafe, die keinen Hirten haben ..." Ich habe jedenfalls Mitleid mit all den vielen, die immer wieder, einseitig genug informiert, glauben müssen, „die" Kirche kämpfe da um letzte Prinzipien, statt daß man ihnen offen gesagt hätte und künftig sagte, das, was da kämpfe, sei wohl nichts anderes als ein parteipolitisch bestimmter Teil innerhalb der Gesamtkirche, ein Teil zudem, der sich mehr und mehr von den Nöten der Gesellschaft und des einzelnen isoliert, ja ins Getto abzuwandern droht, heim zu all denen, die immer schon dort waren. Jeder aber hat unsere Unterstützung, der mithilft, dieses Getto aufzubrechen, den auch kirchlichen Menschen wieder zu sich selbst und zu der an ihn gerichteten Frohbotschaft Jesu von Nazaret zu befreien.

Man wird sich, zum Abschluß dieser Darstellung spezifisch „christlicher" Vorbedingungen der Sittlichkeit, ohnehin zu fragen haben, ob es für die Christen der Zukunft, gleich aus welcher der heutigen Konfessionen sie kommen mögen, wirklich eine größere Ehre geben könne als die, sich gerade im Bewußtsein, daß die Altkirchen aus vielerlei Gründen, von denen nur einige genannt werden konnten, kaum die führende Rolle in der revolutionären Veränderung der Welt spielen werden, in die Schar all derer einzureihen, die mitarbeiten wollen am Bild des neuen Menschen in der neuen Gesellschaft, gleich was aus ihnen selber wird, nur weil sie eben geborgen sind in dem Bekenntnis, daß die Sache des Menschensohnes immer auch die Sache des Menschen sein wird. Vorerst jedoch müssen wir uns, so leid es uns tut und so hart es manchen ankommen mag, mit all dem beschäftigen, was die Altkirche mit Hilfe des Staates an Barrieren auf diesem Weg aufgebaut hat, mit dem eben, was man nach derzeitigem, weil unangefochtenem Selbstverständnis als unverzichtbare Grundlagen politischer Moral bezeichnen darf, mit dem, was die sogenannte Volkskirche rechtlich noch zusammenhält.

II. Unverzichtbar moralische Grundlagen

Unter dieser bewußt mehrdeutig gehaltenen Überschrift, welche die gegenwärtig zu beobachtenden wie die künftig notwendigen Grundlagen der kirchenpolitischen Moral gleichermaßen zu fassen sucht, ja dazu anregen soll, über deren Unverzichtbarkeit, sei diese nun bloß behauptet oder im Rückgriff auf das Evangelium zwingend vorgegeben, nachzudenken, versuchen wir, in drei größeren Abschnitten einige Denkmodelle und Praktiken darzulegen; Modelle, die so manchem den Nachweis dafür erleichtern oder ihn wenigstens zum sorgfältigen Nachsinnen darüber bringen könnten, daß zum einen die Altkirche bestimmte eingespielte Sicherungsmechanismen favorisiert und selbst den sich neutral nennenden Staat dieses Spiel mitzumachen zwingt, und daß zum anderen, löst man sich nur konsequent genug von den Ansprüchen auf Totalabsorption seitens der Systemkirche von ehedem, gar nicht so wenige bislang überspielte Möglichkeiten, das „Verhältnis" christlich-menschlicher zu gestalten, auffallen müßten.

Da für unseren Zusammenhang nun aber nicht alle nur denkbaren und sogar auch juristische Folgerungen nach sich ziehenden Alternativen für die Ausgestaltung des „Verhältnisses" in Betracht kommen können, greifen wir lediglich exemplarisch diejenigen unter ihnen heraus, welche wie etwa die der in der Bundesrepublik geltenden Rechtsgrundlagen (Reichskonkordat) und die der diese hinwiederum tragenden Institutionen (Heiliger Stuhl, deutsche Ortskirche) für die Frage nach den theologischen und rechtlichen Konkretionen des kirchlichen Weltauftrages von Belang sind. Daß jedoch allein damit genügend brisante Probleme der Kirchenpolitik angeschnitten sind, wird jeder, der sich trotz der amtskirchlichen Dauerberieselung ein natürliches Gespür für Aufklärung hat bewahren können, bereits daran ablesen, daß (Reiz-) Worte wie „Systemveränderung" und „Basisdemokratie" sich in unseren Überlegungen gar nicht schlecht ausnähmen. Um aber dem Vorwurf, unsere Analyse erschöpfe sich in der Wiedergabe solcher Einzelbegriffe, wirksam begegnen zu können, unterbreiten wir abschließend den Vorentwurf einer kirchlichen Handlungstheorie, und das selbst auf die Gefahr hin, wegen seiner spezifischen Eigenheiten, die genuin christlich zu nennen wir uns nicht einmal scheuen, eines bestimmten „Masochismus" geziehen zu werden.

1. Verschwiegene Verträge
oder: Soll das Jahr 1933 festgeschrieben bleiben?

Als gestaltgewordener Ausdruck kirchenpolitisch faßbarer Moral in der Bundesrepublik, als Hauptrepräsentant des „Verhältnisses" also, bietet sich ein Vertrag an, von dessen Existenz man allerdings nur zu hören bekommt, wenn er tangiert erscheint (was hinwiederum manche für ein ausgemachtes Gütezeichen auszugeben bereit sind!): das „Konkordat mit dem Deutschen Reich vom 20. Juli 1933" nämlich, das den unumstrittenen Höhepunkt politischer Theologie der Vorkriegszeit darstellt. So – und fast nur so – ist, bis zum Erweis des Gegenteils wenigstens, „Kirche in der Welt von heute" für uns greifbar gemacht. Will man somit das Selbstverständnis der Altkirche erforschen, so wird man sich, beinahe unabhängig von anderen Verlautbarungen, um ebendieses Vertragswerk und seine Interpretationsmöglichkeiten zu bemühen haben, zumal hierzulande kaum jemand, von einigen Böswilligen abgesehen, auf die Idee zu kommen scheint, eine Revision, ja eine Aufkündigung des Konkordats auch nur zu erwägen.

Dabei stellt das während der sogenannten „Konkordatsära" zusammen mit ähnlichen Verträgen in ausgewählten Ländern abgeschlossene Reichskonkordat (wie die anderen, mutatis mutandis, übrigens auch) unserer Meinung nach (wir lassen uns nur zu gern eines theologisch wie juristisch Besseren belehren!) einen geradezu klassischen Fall für einen *von oben*, d. h. ohne jedes wirksame Zutun der betroffenen Basis wie auch ohne wirkliche Orientierung an den Interessen des Volkes, und *für oben*, d. h. fast ausschließlich zur Sicherung bestimmter amtskirchlicher Interessen und Ansprüche von ehedem, ausgehan-

delten Kompromisses dar, dessen (zumindest für uns Heutige) prinzipielle Amoralität, was Herkunft, Form und Inhalt betrifft, ihresgleichen sucht.

Im folgenden versuchen wir, einen Beweis für diese unsere Behauptung, die im Reichskonkordat, pars pro toto, gefundene „Lösung"
des „Verhältnisses" sei auf weiteste Strecken hin heute nur noch
als unmoralisch zu klassifizieren, zu erbringen. Wir beschäftigen uns
deshalb zunächst kurz mit dem schlimmen Zustandekommen des
Konkordats und den Versuchen, im Wissen um seine Mängel seine
Fortgeltung für die Bundesrepublik zu begründen, bis wir uns schließlich ausführlicher mit der unseres Erachtens noch viel schlimmeren
Ideologie des Festhaltens an bestimmten Theologumena seitens der
Altkirche unserer Tage zu befassen haben.

Vorab sei jedoch vor einem Mißverständnis gewarnt: Es kann nicht
unsere Absicht sein, die Aussage vom „Hitler-Vertrag" zu stützen,
da diese, wenn auch eingängig, ein zu grobes Raster für die auch
historisch nicht eben klar und offen sich darbietende Materie darstellt. Die auch wissenschaftliche Literatur zu diesem heiklen Thema,
immer wieder angefacht und wohl längst noch nicht abgeschlossen,
ist in sich noch zu unabgeklärt; Apologeten (und seien sie eifrige
Editoren von Quellensammlungen) und Aggressoren lassen die notwendige historische Distanz noch immer vermissen – und können
vielleicht auch gar nicht anders, da der Vertrag als solcher wohl immer umstritten bleiben wird. So bleibt auch uns, bevor wir einige
weitere Kategorien zur Beurteilung des Konkordats anführen, nicht
viel anderes als das pro und contra der gängigen Argumentationen
darzustellen und schließlich auf einige Sonderbeobachtungen aufmerksam zu machen, die so manches an diesem im eigentlichen doch
wohl bei allen unbeliebten Vertragswerk facettenreicher erscheinen
lassen könnten.

Interessant wäre natürlich eine (bislang immer noch ausstehende)
fundierte Untersuchung, in welch weltpolitischem Kontext das Reichskonkordat zu verstehen sei, mit welchen Ländern also der Heilige
Stuhl in den ersten fünf Jahrzehnten unseres Jahrhunderts überhaupt
Abkommen geschlossen hat und, beinahe noch interessanter, mit welchen eben nicht. Hier ist nun aber kaum der Platz für eine solche
Analyse, nur das folgende wäre wert festgehalten zu werden: Selbst
wenn man einräumt, daß verschiedene Staaten einem Vertragsabschluß
ungünstig gesonnen waren, aus welchen Gründen auch immer, und

sei es einfach in der Annahme, es gebe nichts zu regeln, muß die ge-
troffene Wahl der „Konkordatsländer" zu denken geben. Handelt es
sich doch fast ausschließlich um solche aus dem europäischen Raum
(Europäisierung der Weltkirche?), und hier wiederum beinahe nur
um bestimmte Gruppierungen wie etwa die der deutschsprachigen
Länder (Bayern, Preußen, Baden, Reich, Österreich unter Dollfuß),
die der osteuropäischen Vorkriegsstaaten (Rußland, Rumänien, Litau-
en, Lettland, Jugoslawien, Tschechoslowakei) und die der heiligen
Trias Italien, Spanien und Portugal, sowie im nichteuropäischen Raum
ausschließlich um Lateinamerika (über dessen Katholisierung mit
Hilfe von Konkordaten man im übrigen nach den neuesten Erfahrungen geteilter Meinung sein dürfte!). Ausgespart geblieben sind
Länder wie etwa die USA und Großbritannien, die skandinavischen
Staaten und der afroasiatische Raum. Die Auswahlkriterien liegen
damit zwar nicht auf der Hand, doch sind bestimmte Neigungen
nicht auszuschließen, zumal man kaum annehmen kann, die ausge-
sparten Länder hätten zu der Zeit auf staatskirchlichem Gebiet nicht
auch ihre Probleme gehabt. Jedenfalls aber nimmt das Konkordat
mit dem Deutschen Reich eine nicht unwichtige Stellung in diesem
Reigen ein.
Wenn auch selbst ein so abgewogen urteilender Historiker wie L. Volk
zu dem Schluß kommen muß, daß es ohne Zutun Hitlers ebendieses
Reichskonkordat nie gegeben hätte, so muß gleichwohl, wiederum mit
L. Volk, darauf verwiesen werden, daß wesentliche Partien des Vertrags bereits vor der Machtergreifung ausgehandelt worden waren.
Sie lagen ja, gleichsam als das bereits anderweitig mit Bedacht erprobte kuriale Instrumentarium, als der unverzichtbar erscheinende
Katalog politischen Wollens des Heiligen Stuhls bereit und waren
dem jeweiligen Geschäftspartner nur noch schmackhaft zu machen.
Das geschah nicht selten auf dem Wege eines (zweifelhaften) Kompromisses, einer Güterabwägung somit, die, wie wir im Falle des deutschen Konkordates noch sehen werden, höchst fragwürdige Gewichte
setzen konnte. Hinzu kam, daß der deutsche Katholizismus nach den
(vermeintlich?) trüben Erfahrungen aus dem 19. Jahrhundert in den
Nationalstaat integriert werden sollte, zumal sich schon früher entgegen allen Mahnungen zu katholischer Universalität eine immer
engere Verknüpfung von Nationalbewußtsein und christlichem Glauben, die Bestrebungen konservativer Kreise in der Theologenschaft,
national gefärbtes Geschehen bis hin zu Militär und Krieg christlich

aufzuarbeiten und sogar zu legitimieren, nicht ausgenommen, hatte durchsetzen können.

Ob allerdings gerade diese innere Entwicklung noch vor 1933 mit zu der optimistischen Ansicht beitragen kann oder diese nicht eher zu relativieren vermag, der endlich erreichte Vertragsabschluß sei immer so etwas wie ein Fremdkörper im totalitären System, ja ein ständiger Stein des Anstoßes für das verbrecherische Regime gewesen, muß offen bleiben. Schließlich war man ja ebendiesem Regime in so manchem geradezu entgegengeeilt und hatte etwa dessen Hauptdesiderat, die Entpolitisierung des Klerus, in Artikel 32 mehr als erfüllt, dazu noch ohne wirklich zwingende Gründe Bischofsernennungen und Bischofseid ganz im Sinne der Reichsregierung geregelt. Und schließlich müßte es ja überhaupt nach wie vor zu denken geben, daß solche und ähnliche Konkordatsabschlüsse nicht selten gerade mit diktatorisch angehauchten Partnern „gelingen" konnten, so daß man fast versucht wäre zu sagen, auch das Reichskonkordat sei kein Betriebsunfall gewesen, sondern es liege eher auf der Linie kirchlichen Handelns in der Politik von gestern und heute. Es muß in diesem Zusammenhang zumindest noch die Überlegung angeschlossen werden, ob die Meinung, nur das Reichskonkordat habe eine völlige „Gleichschaltung" verhindert, wirklich etwas für sich hat oder ob man vor der abschließenden Klärung des Problems nicht doch noch der Frage nachzugehen habe, wer eigentlich, schon von seiner Lehre der Totalabsorption in Glaube und Disziplin, eine Gleichschaltung von noch ganz anderer Dimension zu favorisieren scheine.

Nun sind ganz bestimmt auch noch gewisse Einzelfragen, die an das Zustandekommen des Reichskonkordats in den dreißiger Jahren anknüpfen, nicht geklärt. Zu nennen wäre beispielsweise die Frage nach der Position, welche der Gehorsam der führenden Katholiken gegenüber Staat und Kirche der Weimarer Republik spielen konnte; oder die Frage nach dem Stellenwert des persönlichen Engagements Hitlers, überhaupt nach der Stellung maßgeblicher Personen (Pacelli, von Papen, Kaas, Bertram, Gröber) und Parteien sowie nach dem mehrfach aufgeflammten, wenn auch in diplomatischem Dunkel gehaltenen Streit zwischen der römischen Kurie und dem deutschen Episkopat um Verhandlungsablauf und -ziele, ja nach der vielfältigen Brüskierung der deutschen Bischöfe durch Rom. All dies wäre einer gesonderten Untersuchung wert, zumal es den Aufweis einer inneren Kontinuität in der Altkirche vom Kaiserreich bis heute erleichterte.

Wir müssen uns eine solche Analyse versagen, weisen jedoch auf eine abschließende Erkenntnis hin: Daß im Reichskonkordat alle möglichen Umstände, von denen wir nur einige wenige ansprechen konnten, auf nachgerade merkwürdige Weise zusammentreffen mußten, macht ein gehöriges Stück Tragik im Leben der deutschen Ortskirche aus. Sie hat einen Vertrag zur Grundlage ihres „Verhältnisses" von Staat und Kirche, dem, von der betont böswilligen Frage nach dem prinzipiell „treulosen", weil ständig und dem Staat auf höchst unangenehme Weise gesellschaftskritischen Wesen der wahren Kirche einmal ganz abgesehen, nicht nur das Odium solcher Abkommen schlechthin, die mit gewissen Partnern leichter und glatter als mit anderen ausgehandelt werden zu können scheinen, anhaftet, sondern auch noch dasselbe Datum, nach welchem das traurigste Kapitel neuerer deutscher Geschichte gezählt zu werden beginnt.

Um so befremdlicher muß das beinahe schon masochistisch zu nennende Bemühen nicht weniger anmuten, aus welchen Gründen auch immer, und sei es, um sich selbst und die Kontinuität seiner Anschauungen zu bestätigen, die Fortgeltung ebendieses Abkommens gegen alle Angriffe zu verteidigen, als gelte es, den Fortbestand der Kirche überhaupt zu sichern. Ihren bisherigen Höhepunkt hatte die diesbezügliche Kampagne, entzündet an der (heute im übrigen von beinahe allen als gelöst angesehenen) Frage nach der Legalität der Ländergesetzgebung in Schulsachen, in den fünfziger Jahren bis hin zum berühmt-berüchtigten Konkordatsurteil des Bundesverfassungsgerichts (26. März 1957) erreicht, welches „die verfassungsrechtliche Freiheit zum Konkordatsbruch" (K. Mörsdorf) einräumen soll und doch nichts anderes als eine getreue Widerspiegelung des zwiespältigen und absichtlich in der Schwebe gelassenen „Verhältnisses" darstellen kann. Von mannigfach wirksamen Kräften getrieben, es sei nur an die bereits erwähnte Urangst vor Ungesichertheit oder an die prinzipielle Belagerungsmentalität (H. Küng) des Gettos erinnert, und in den verschiedensten Fehlinterpretationen befangen, wie etwa einer bestimmten Art von Staatsloyalität oder selbst einem besonders ausgeprägten „Grundsatz der Verfassungstreue", versuchte das Milieu, nicht wenige seiner Vertreter durchaus in bester Absicht, mit Hilfe einer Fülle theologisch-juristisch beflissener Literatur und engagierter Geschichtsschreibung um jeden Preis die Gunst der Adenauerstunde zu nutzen und die angegriffene Bastion zu verteidigen.

Aber auch in diesem Bemühen bleibt ein Stück katholischer Tragik in Deutschland verborgen: Viel guter Wille und viel politisches Engagement wurden nämlich einem von der theologischen Wissenschaft eigentlich immer schon überholten Theologumenon von ehedem geopfert, den Inhalten eines Sicherungskompromisses eben, welche bereits wenige Jahre später auch durch das Konzil vor den Augen der Kirchenöffentlichkeit als veraltet und theologisch zeitfremd charakterisiert werden mußten. Doch selbst dieser Abschnitt unbewältigter Vergangenheit aus den „golden twenties" stimmt denjenigen, welcher die sicherlich nicht leichte Abwägung von pro und contra seitens der unmittelbar Beteiligten und der nicht durch eine ruhige Distanz Begünstigten zu würdigen weiß, noch versöhnlich; nicht jedoch die alltägliche Beobachtung, daß sich seit diesem ersten Anlauf in der deutschen Ortskirche immer noch keine Neubesinnung, und das nach dem Konzil, wohlgemerkt, einstellen konnte, ja daß dieselbe Ortskirche geradezu eine Revisionsmüdigkeit und -unfähigkeit erkennen läßt, die schlichtweg gegen die guten Sitten verstößt und die Verantwortlichen auf das schwerste belasten muß. Dieses unverzeihlich erscheinende Verhalten der Amtsträger, dieses geradezu blind zu nennende Vertrauen auf einen in sich höchst fragwürdigen Vertrag können nicht scharf genug kritisiert werden. Im folgenden sei untersucht, worin die Kritik im einzelnen bestehen müßte.

Um den „Horizont" dieser Kritik zu charakterisieren, muß gleich zu Beginn auf die Tatsache hingewiesen werden, daß sich durch all das amtskirchliche Geschehen in Wort und Tat der letzten fünfzig Jahre wie ein roter Faden eine Ideologie des Festhaltens, des Nicht-Loslassenkönnens hindurchzieht, und das in einer ausgesprochen schlimmen Defensivpsychose, welche jedes Reformvorhaben zunächst einmal am Modell des von ihr selbst festgehaltenen Hab und Gutes, an der Wahrung des detaillierten Besitzstandes von ehedem zu messen gewohnt ist. Wir wollen nun gar nicht so weit gehen, die biblische Begründung für eine solche Haltung anzuzweifeln, steht doch in der Schrift wirklich etwas zu lesen von Leuten, die ihr Leben zu retten versuchen (Mk 8, 35). Wir bemerken nicht einmal, daß dieses Festhalten vor allem auf seiten derjenigen zu beobachten ist, die „um des Himmelreiches willen" (Mt 19, 29) auf alles Mögliche verzichtet zu haben beanspruchen, als hätten sie diesen ihren Individualverzicht durch Kollektivsicherungen zu kompensieren. Nein, all diese Beobachtungen wären sicher unbiblisch. Aber eines wollen wir doch festzuhalten suchen, damit es wenigstens einmal gesagt wird:

Völlig ausgespart bleibt bei diesem amtskirchlichen Bemühen die schlichte Überlegung, daß die Kirche als Ganzes heutzutage unsicherer zu sein hätte (eine biblische Begründung für diese Aussage fehlt allerdings, oder nicht?) und daß gerade die deutsche Ortskirche, der man gewiß vieles nachsagen kann, bestimmt nicht, vergleicht man sie mit so vielen anderen, über einen Mangel an Sicherheit jeder Art zu klagen hat; im Gegenteil, sie leidet an einer schon krankhaft zu nennenden „Sicherungsmoral", mit Hilfe derer (!) sie ihr eigenes (wiederum biblisch aufs beste abgesichertes) Koordinatensystem besonderer Prägung aufrechterhalten kann, so daß es ihr gerade von hier aus so furchtbar leicht fällt, „Treue", Loyalität, Defensive, Integration, law and order und was es sonst noch in der Kirche gerade in diesem Staat (Parallelen und Querverbindungen könnten auffallen!) geben mag, ein für allemal richtig und dem „Willen Gottes" entsprechend einzuordnen, ja einen Tugendkatalog ganz besonderer Art aufzubauen, in welchem sich entgegengesetzte Haltungen, zumal sie so wenig biblisch fundiert sind wie etwa Verzicht und Ungesichertheit o. ä., nur negativ bewerten lassen.

Nun wäre es ganz bestimmt böswillig, demgegenüber auf den unverzichtbaren „eschatologischen Vorbehalt" (J. B. Metz) hinzuweisen, der es eigentlich jedem Christen verwehren sollte, sich hierzulande derart total mit einem System, und sei es selbst innerkirchlich ausgebrütet, zu identifizieren, daß für Außenstehende nur pejorative Epitheta übrigbleiben müssen (Kulturkämpfer, Kirchenfeinde, Nestbeschmutzer); als hätten all diejenigen Unrecht, die aus guten Gründen zu meinen glauben, weder der Mensch noch die aus Menschen bestehende Kirche seien in dieser Welt ein für allemal greif- und regelbar. Ähnlich böswillig erschiene der Versuch, davon zu sprechen, daß eine derartige Sicherungsmoral ihren spezifisch juristischen Ausdruck in bestimmten Rechtsfiguren gefunden hat; und dies nun nicht etwa in solchen, die vergänglich erscheinen – von der Sicht des Rechts als einer „Notordnung", die ein Etablieren, ja ein Sichidentifizieren mit einer bestimmten Gesellschaftsform unmöglich machen könnte, gar nicht zu reden –, sondern in solchen, die gleichsam per definitionem als unkündbar und als „ewige Verträge" zu gelten haben. Denn um nichts anderes handelt es sich bei den Konkordaten, welche, im Gegensatz etwa zur Regelung von staatskirchlich bedeutsamen Angelegenheiten durch einfache Gesetze, zumindest ein solch großes quasi-völkerrechtliches Gewicht haben, daß ihre Kündigung, von der be-

54

haupteten Amoralität eines solchen Vorgangs einmal abgesehen, qua-
lifizierter parlamentarischer Mehrheiten bedürfte (wie man, nicht
ohne hämisch zu sein, all denjenigen, die eine Ablösung des Reichskonkordats vorschlugen, ins Stammbuch schreiben konnte!). Die Absicherung auf der (Verfassungs-) Ebene des Völkerrechts mit Hilfe
von Konkordaten (auf die nicht uninteressante Frage, ob es sich
hierbei überhaupt um eindeutiges Völkerrecht handeln kann, muß in
diesem Zusammenhang ausgeklammert bleiben) bringt der Kirche somit eine Rechtssicherheit ganz besonderer Machart ein und ist, in Abhebung von den einfachen innerstaatlichen Gesetzesregelungen, fast
unangreifbar. Schon von daher wohnt ihr aber die Neigung zu „zeit-
loser Gültigkeit" inne, eine Tendenz, die sich ja nur allzu leicht von
der juristischen Qualifikation, der Form solcher Verträge also, auf
den Inhalt des Vertrags übertragen läßt.
Allerdings ließe sich an dieser Stelle einwenden, die Kirche als eine
mit anderen Gemeinschaften eben nicht vergleichbare Institution be-
dürfe schon von Glaubens wegen einer so und nicht anders gearteten
Absicherung, um nicht schutzlos den wechselnden parlamentarischen
Mehrheiten ausgeliefert zu sein. Diese Argumentation geht jedoch
stillschweigend von verschiedenen in sich noch alles andere als abge-
klärten Voraussetzungen aus: Zum einen ist die Frage, worin sich
nun eigentlich die Kirche etwa von einer Gewerkschaft unterscheide,
keineswegs so schnell zu beantworten (wir kommen ja noch eigens
darauf), und wohl schon gar nicht mit dem dezenten Hinweis, ihr
stünde gegenüber jener ein Mehr an innerweltlicher Sicherung zu;
zum anderen wird einmal mehr versucht, den in der Bundesrepublik
bestehenden Zustand, wie er eben ist („gewachsen" ist wohl das gängige Wort dafür!), als den der „wahren" Kirche allein angemessenen
auszugeben, obgleich er den meisten Ländern fremd bleiben muß:
ein Unterfangen, das sich, aufs Ganze der Kirche gesehen, nur als
unfair, wenn nicht als typisch deutsch-amoralisch qualifizieren läßt.
Hätte die Altkirche zudem wirklich etwas von demokratischem Bewußtsein verstanden und stünde sie nicht dessen Spielregeln aufgrund
ihrer eigenen Verfassung mehr als fern, so fürchtete sie sich auch
kaum vor einem parlamentarischen Kampf, der ihr ohnehin nicht
erspart bleiben wird. Wie es aber um den anderen Einwand steht, das
Reichskonkordat sichere doch nichts anderes als bestimmte Vorteile
für das Kirchenvolk, die Basis also, und sei schon deswegen unverzichtbar, muß gleich noch sorgfältiger analysiert werden.

Es wird somit zu fragen sein, welche konkreten Konkordatsbestimmungen nun noch heute ruhigen Gewissens als spezielle und nicht auch anderweitig (zusammen mit den übrigen Gruppen in der pluralistischen Gesellschaft und für sie) erreichte Vorteile für das Volk Gottes zu bezeichnen seien. Die Gewährleistung der Religions- und Bekenntnisfreiheit etwa (Artikel 1) – oder ist diese vielleicht vom Grundgesetz selbst für den katholischen Bevölkerungsteil ausgespart worden, so daß sie konkordatsrechtlich, und vielleicht zuungunsten anderer oder zumindest an diesen vorbei, gesichert werden müßte? Das spezielle Recht der katholischen Kirche, ihre Angelegenheiten selbständig zu ordnen (Artikel 1), etwa – oder stellt diese Bestimmung vielleicht sogar einen staatlichen Freibrief für all das dar, was auf undemokratische Weise in der Altkirche auf dem Rücken des duldsamen Volkes geschehen konnte und kann (an Beispielen aus dem immer noch geltenden Recht der Kirche fehlt es nicht)? Die Garantie für das Weiterbestehen der Konkordate mit den deutschen Ländern (Artikel 2) etwa – oder verewigen diese nicht dieselben Zustände wie das Reichskonkordat selbst? Die Existenz von besonders gearteten (Doyen!) diplomatischen Beziehungen zwischen dem Heiligen Stuhl und der Bundesrepublik (Artikel 3 und Schlußprotokoll) etwa, auf die wegen ihrer Delikatesse und Aktualität noch gesondert einzugehen sein wird? Die Freiheiten der Artikel 4 (Verkehrsfreiheit), 15 (Orden), 17 (kirchliches Eigentum), 20 (kirchliche Hochschulen), 28 (Anstaltsseelsorge) und 31 (Vereinsschutz) etwa – oder sind sie nicht bereits vom Bonner Grundgesetz voll abgesichert? Die Privilegien des „Klerus" (Artikel 5, 6, 8, 10) etwa – oder sichern gerade sie nicht noch mit staatlicher Hilfe die unheilvollen Unterschiede zwischen „Hirt" und „Herde" ab? Die Nihil-obstat-Regelungen (Artikel 7, 19) etwa – oder schlagen diese nicht jeder Mündigkeit des freien Staatsbürgers, selbst wenn dieser Geistlicher ist, ins Gesicht, und das ganz bestimmt nicht zum Nutzen der Basis? Der Schutz des Berufsgeheimnisses (Artikel 9) etwa – oder ist nicht auch dieser bereits von dem für alle geltenden Gesetz gewährleistet? Die Festschreibung der Diözesan- und Pfarreigrenzen (Artikel 11, 12) etwa – oder steht diese nicht den dringendsten pastoralen Bedürfnissen von heute geradezu konträr gegenüber? Die Zubilligung des Status einer „Körperschaft des öffentlichen Rechts" und die Absicherung des Kirchensteuersystems (Artikel 13 und Schlußprotokoll) etwa – oder steht diese nicht dem heutigen Kirchenverständnis, gerade an der Basis, mehr und mehr diametral entgegen? Die Regelung der Ämterbesetzung (Artikel 14 und Schlußprotokoll) etwa – oder widerspricht nicht auch diese vielen pastoralen Erfordernissen von heute, von den bescheidenen Überlegungen zu einem nebenberuflichen Priesteramt ganz zu schweigen? Der in Artikel 16 zugestandene Treueid der Bischöfe gegenüber dem Staat etwa – oder war und ist dieser nicht eher Anlaß zu christlich begründeter Verwirrung bei vielen? Die in den Artikeln 21–25 vehement abgesicherte Konfessionalisierung der Schulen etwa – oder ist diese nicht bereits seit langem, und das eben an der Basis, bei den Eltern selbst, hinlänglich suspekt geworden? Die in Artikel 26 (und Schlußprotokoll) festgeschriebene Konzession in Sachen Zivilehe etwa – oder muß dieses unverblümte Nebeneinander von Konfession (Artikel 21–25) und Konzession (Artikel 26) nicht ziemlich verblüffen? Die Fixierung einer exemten Militärseelsorge (Artikel 27 und Schlußprotokoll) etwa – oder ist diese (und speziell ihr Zustandekommen) nicht ein nachgerade erschreckend offenes Beispiel für das abgestrittene Bündnis von Mächten in Kirche und Staat? Die Sorge für die nichtdeutschen völkischen Minderheiten (Artikel 29 und Schlußprotokoll) etwa – oder gilt für sie nicht auch die Feststellung, daß kaum etwas stärker obsolet geworden sein kann als sie? Die verdächtige Gebetsvorschrift (Artikel 30) etwa – oder hat nicht auch für sie das zu Artikel 16 Gesagte zu gelten, und das unabhängig von der grundsätzlicheren Frage, inwiefern es je als moralisch gerechtfertigt erscheinen konnte, bestimmte Gebete zur Pflicht zu machen und dies auch noch völkerrechtlich (!) fixieren zu lassen? Der Entpolitisierungsartikel 32 etwa – oder stellt er nicht, wie etwa Artikel 26 auch, eine geradezu erschreckende Konzession an ein bestimmtes Regime dar, ganz abgesehen von der ungelösten Frage, ob es je moralisch vertretbar war, ganze Berufsgruppen ohne ihr Zutun ihrer Grundrechte zu berauben?

Ob man somit wirklich derart unbefangen von den mannigfachen „Vorzügen" des Konkordats sprechen darf wie bisher, wenn man solche Einzelheiten (manche von ihnen sind leider in der öffentlichen Diskussion noch überhaupt nicht aufgetaucht, es handelt sich eben um „verschwiegene Verträge") untersucht? Oder ob es nicht ein wenig moralischer wäre, der Wahrheit nachzuspüren, selbst auf die Gefahr hin, dabei fast auf Schritt und Tritt nur ernüchternde Feststellungen machen zu müssen? So könnte man etwa (müßte aber nicht, wie nur zu viele beweisen) ermitteln, daß dieser Vertragstext es kaum generell zuläßt, von einem so erstellten innerkirchlichen Freiheitsraum zu sprechen („Freiheit" scheint ja lediglich für die Institution und deren Belange erkämpft worden zu sein, nicht aber für den betroffenen Menschen, dem in vielen Fällen als wirkliche Alternative nur der Bruch mit dieser Kirche bleibt, wie nicht zuletzt das internationale Konkordatsrecht zur Genüge beweist, man denke nur an das unglückselige Institut der sogenannten „Konkordatsehe" in den Parallelkonkordaten von Spanien, Portugal und Italien). Man darf auch nicht von einem durch das Konkordat gewonnenen Recht der Machtlosen auf Verantwortung und Dienstleistung oder von der Korrektur der Macht institutionell Gewaltiger zugunsten der bislang Ohnmächtigen reden; eher schon von dem Abtausch von Konzessionen und Privilegien zwischen den in dieser Welt Mächtigen auf Kosten so vieler anderer, und seien sie etwa nur in der unglückseligen Lage, nicht katholisch zu sein. Wer nun aber derlei verewigen möchte – eine schreckliche „Sicherungsideologie" steckt dahinter, man erinnert sich –, der setzt sich ungeschützt dem Verdacht aus, eigene Rechte und die in diesen begründete Klassen-Macht erhalten sehen zu wollen. Anders stünde es allerdings, wenn eine grundlegende Veränderung in den Perspektiven erfolgte und man sich daran machte, die bislang im Namen der Hierarchie, der Totalabsorption, des Gettos, der „societas perfecta", der „potestas indirecta" oder wie auch immer diese Synonyma der Macht heißen mochten, geforderten Rechte als Ansprüche anzusehen, die den Christen in ihrer Eigenschaft als demokratische Glieder der Gesellschaft zukommen. Man mache es sich aber gerade an dieser Stelle nicht zu leicht und funktioniere die bisherigen Privilegien der Machthaber mit Hilfe von Taschenspielertricks an den Betroffenen und ihren Rechten vorbei („Fürsorge" haben wir so etwas genannt!) ohne jede wirkliche Neubesinnung simpel in demokratische Grundrechte um, denn allzu tief verwurzelt ist das Mißtrauen der Weltöffentlichkeit in die Praktiken der Altkirche, als daß man von ihr keine überzeugenden Vorleistungen in Sachen demokratischen Bewußtseins und Tuns erwartete.

Als Beispiele solchen Verhaltens könnten meines Erachtens bereits zu diesem frühen Zeitpunkt dienen (Spezialformen kirchlicher Ethik können erst später behandelt werden): die strikte Offenlegung aller als obsolet erkannter und nur noch nach außen hin als geltend ausgegebener Bestimmungen des Konkordats (damit man solcherlei nicht erst aus der Verschwiegenheit eines Bundestagsprotokolls, wie etwa im Falle des Artikels 32 geschehen, eruieren muß); ebenso die nüchterne Anerkennung des in der Zeit seit Vertragsabschluß bzw. seit Vertragsverteidigung (Konkordatsprozeß!) geschehenen theologischen und gesellschaftspolitischen Wandels; das Aufdecken auch der unehrlich wirkenden Vermengung von Glaubensäußerung und Rechtsinstitution (vor allem im Hinblick auf die bisherigen amtskirchlichen Privilegien) und die demütige Einordnung in die Vorgegebenheiten einer demokratisch strukturierten pluralistischen Gesellschaftsform. Nur im Vorübergehen gleichsam sei also darauf aufmerksam gemacht, daß es geradezu amoralisch wirken muß, wenn man in der Bundesrepublik nicht ohne eine gewisse Schadenfreude auf die italienischen, spanischen oder portugiesischen Konkordatszustände und Befindlichkeiten sowie auf die Notwendigkeit für deren Reform hinweist, als gebe es hierzulande, wenn auch bisher weniger spektakulär, da sorgfältiger verschwiegen oder abgeblockt, überhaupt nichts oder nur Marginales zu revidieren. Falls sich diese Haltung, wir wollen sie nicht gerade typisch pharisäisch nennen, und die dahinter sich verbergende Ideologie des Sich-Abgesichert-Wähnens nicht bald grundlegend ändern, werden die gesellschaftlichen Optionen der Altkirche sehr schnell für jedermann als überholt und ihre politischen Positionen als überfällig erscheinen.

Ein wenig anders stünde es jedoch, wenn man darauf hinwiese, daß viele Bestimmungen des Reichskonkordats nur noch kraft einer Dissimulation, einer schweigenden Anerkennung der Macht der Tatsachen, ein dürftiges Vertragsleben fristen, so etwa – die Auswahl mag höchst subjektiv erscheinen und ist jederzeit durch bessere Diskussionsergebnisse, liegen diese erst einmal vor, ablösbar – Artikel 29 (Nichtdeutsche völkische Minderheiten), Artikel 30 (Pflichtgebet) und wohl auch Artikel 32 (Entpolitisierung der Geistlichen). Exemplarisch sei gerade der letztere Fall dargestellt: Obwohl Artikel 32 einen strikten Vertragsbefehl an den Heiligen Stuhl beinhaltet, eine Mitgliedschaft von Geistlichen in politischen Parteien und die Tätigkeit für solche zu unterbinden, ist Rom zu keiner Zeit dieser vertraglichen Verpflichtung nachgekommen und auch nicht von seiten des staatlichen Vertragspartners auf diese Unterlassung aufmerksam gemacht worden. Daraus ergibt sich, daß auch der Heilige Stuhl, entgegen der in neuerer Zeit, da frühere Bundesregierungen abgelöst sind, von interessierter Seite immer wieder insinuierten Zweifel in die Vertragstreue der Bundesrepublik, keineswegs als absolut hundertprozentig zuverlässiger Vertragspartner anzusehen ist: Auch die kirchliche Seite steht dem Staat gegenüber immer noch im Wort. Da jedoch das staatliche Gegenüber keinen besonderen Wert auf die strikte Einhaltung gerade dieser Konkordatsbestimmung zu legen schien und scheint, sollte man eine solche Regelung ehrlicherweise als obsolet fallen lassen. Nicht zulässig ist jedoch der Versuch kirchlicher Kreise, auf Umwegen, etwa mit Hilfe einer Gruppe der Fuldaer Bischofskonferenz, Bestimmungen des Reichskonkordats zu unterlaufen und von sich aus die politische Tätigkeit von Geistlichen einzuschränken. So verständlich dieses Bemühen sein mag, man denke nur an die neuesten Anlässe dafür, und so naheliegend ein „Maulkorberlaß" für unliebsame, weil nicht einer bestimmten Partei zugeneigte Geistliche sein mag, legal ist ein solcher Versuch nicht, da sonst in die (dem Heiligen Stuhl) reservierte) Vertragsmaterie eingegriffen würde. Sind die Bischöfe der Meinung, in diesem Bereich sei etwas zu ändern, aufgrund welcher Interessentheologie auch immer, so sollten sie den legalen und offenen Weg einer Konkordatsrevision einschlagen, selbst auf die Gefahr hin, daß eine solche noch viel mehr Änderungen, auch ziemlich unangenehme, mit sich brächte. Unmoralisch bleibt jedenfalls das Unterfangen, einerseits jedes Jota des Reichskonkordats gegen seine neuesten Kritiker zu verteidigen und lauthals „Kulturkampfparolen" von sich zu geben, und zum anderen Bestimmungen desselben Vertrages nicht zu beachten, so daß selbst der staatliche Vertragspartner seine Zweifel an der kirchlichen Vertragstreue anmelden müßte, statt sich, zur Verwunderung der Aufmerksamen, wenn auch nicht öffentlich von bischöflicher Seite dafür belobigt, noch hinter eine solche Vertragsverletzung zu stellen, wie neulich geschehen.

Die ehrliche und sich nicht nur in Surrogatlösungen nach dem schlimmen Beispiel der letzten Jahre flüchtenden Anerkennung des innertheologisch, wenn auch nicht schon innerkirchlich (sieht man von den entsprechend hoffnungsvollen Ansätzen außerhalb der Amtskirche ab) bedeutsamen, vom Zweiten Vatikanum in der Rolle eines gigantischen Katalysators inaugurierten Wandels wäre eine weitere Vorleistung seitens der Altkirche; sind doch gerade auf konkordatsrechtlichem Gebiet die theologischen Trümpfe gar nicht so selten in der Hand der Reformer anzutreffen. Stichwortartig seien Beispiele genannt (eine weitere Beschäftigung mit diesen Problemen erfolgt ja noch): die Frage nach der Ablösung der Volkskirche durch die Gemeindekirche, das Problem des „Klerus", der evangelisch motivierte Privilegienverzicht, die gesellschaftskritische Aufgabe der Kirche und das Problem der bundesrepublikanischen Kirchensteuer.

So fragt sich etwa eine neuere Theologie, ob sich die Christenheit hierzulande zutrauen könne, sich mit dem Problem anzufreunden, daß es mit der „Volkskirche" alten Stils zu Ende gehen könnte, und ob man daraus schließen dürfe, auch die juristische Verwurzelung dieser Auffassung von Kirche sei so gesichert nicht mehr. Kann man denn wirklich, so darf man des weiteren fragen, auf eine auch im theologischen Sinn nicht gerade starke Grundlage, wie sie die Forderung nach dem Erhalt der Volkskirche darstellt, noch ruhigen Gewissens seinen Anspruch an den neutralen Staat und die Gesellschaft gründen, den „so" gestalteten Dienst der Kirche zu bejahen und ihm zusätzlich noch institutionalisierte Voraussetzungen dafür zu bieten? Müßte nicht die Frage erlaubt sein, ob nicht gerade das geltende Steuersystem, für das sich hierzulande die Kirchen entschieden haben (die „Basis" wird ja nicht befragt), mehr an „Volkskirche" vortäuscht, als die Kirchen selbst aufrichtigerweise zu realisieren vermögen? Wie steht es denn da um das bedenkenswerte Wort, die Kirchen erschienen als riesige, von ziemlich vielen Ungläubigen oder zumindest nur partiell Identifizierten getragene Organisationen? Verführen nicht eben Lehre und Praxis einer steuergesicherten Volkskirche so manchen dazu, sich von einer dauernden Rechenschaftsablegung über das religiös-geistige Potential sowie von einer ständigen Überprüfung der pastoralen Prioritäten für dispensiert zu halten? Kann man aber, bei einem so unsicheren Fundament, dem die Theologie wie die Gesellschaft davongeeilt sind, im Ernst so weittragende Forderungen nach konkordatsrechtlicher Absicherung vortragen wie bisher, oder muß eine solche Forderung nicht zu Recht auf die Altkirche selbst zurückfallen?

Muß es im übrigen wirklich, so ist zu fragen, heute bei dem exklusiven Modell kirchlicher Möglichkeiten bleiben, welches ein subtiles Privilegiensystem (nicht zuletzt für den mittelalterlich gefärbten „Klerikerstand") zu erhalten sucht und in diesem Zusammenhang der staatlichen Seite gegenüber Selbstverständlichkeiten noch immer als Bonus ausgibt? Müßte man sich stattdessen nicht ernsthaft mit dem Problem auseinandersetzen, ob eine Kirche, die in der Nachfolge des Jesus von Nazaret stehen muß und möchte, auf rechtliche Vorteile gegenüber anderen aus sein dürfe oder ob sie prinzipiell besser und ehrlicher, auch und gerade in der heutigen „Anspruchsgesellschaft", auf derlei verzichten müsse? Es ist doch zumindest eine Frage wert, ob sich die erwünschte „Zeichenhaftigkeit" der Kirche und ihres Rechts nun auch in der Bundesrepublik (wie in unseren Nachbarländern in Ost und West) nicht durch einen kompromißlosen Privilegienverzicht mit den entsprechenden Folgerungen für die Konkordatspolitik am ehesten wenigstens annäherungsweise erreichen lasse.

Hat man dieses Problem einzukreisen versucht, so wird auch die sich anschließende Frage leichter aufzugreifen sein: Kann man sich mit der heutigen beinahe ausschließlich „permissiven" Form staatlicher Zuwendung an die Kirche begnügen, so daß also der Staat gleichsam nur einen Freiheitsraum für jede Art kirchlicher Selbstbetätigung bereitstellen müßte? Oder sind Staat und Gesellschaft nicht durch die Kirche und deren Dienstausübung selbst kritisierbar, d. h. kann man von einem kirchlichen Wirken bestimmter Art praktische Rückschlüsse auf das Selbstverständnis dieser Kirche ziehen? Und könnten diese Rückschlüsse wiederum Konsequenzen sogar für gesellschaftliche Vorgänge nach sich ziehen und dadurch über den Innenraum der Kirche hinaus reformerisch und aufklärerisch wirken – eine Überlegung, welche in einem Land, dessen Kirchen ohne Abstriche am staatlichen Steuersystem partizipieren und damit praktisch dessen Zielvorstellungen übernommen haben, allerdings geradezu utopisch anmuten muß?

Gerade aufgrund solcher Beispiele wird ein weiteres Desiderat einsichtiger werden, die Forderung nämlich, all die unheilvollen Vermischungen von Glaubensinhalt und rechtlicher Ausdrucksform aufzudecken und die verschwiegenen Vermengungen von Glaube und Politik offenzulegen. Bestimmte Kreise in der Führungsschicht der Altkirche hatten es ja bisher nur allzu gut verstanden, ihre eigenen Privilegien als Bestandteile bzw. Ausdrucksformen des „wahren" Glaubens auszugeben und eine Bestreitung ebendieser juristischen Konsequenzen als einen Angriff auf den Glauben selbst interpretieren zu lassen, so daß sich eine Mobilisierung der Massen gegen all diese Angriffe ziemlich leicht erreichen lassen konnte. Noch allzuoft werden daher angegriffene Strukturen und Lebensformen als im Glauben vorgegeben, schließlich als in der Tradition begründet verteidigt, bis endlich – allerdings häufig reichlich spät – eine Reaktion auf unübersehbare Sachzwänge erfolgt. Ein solches Vorgehen hat die Kirche schon immer zur „reagierenden" Institution herabgewürdigt, die sich mehr halbherzig als freudig überzeugt zu unvermeidlichen

Konzessionen an die gewandelte Zeit hergibt, zu Konzessionen freilich, wie sie sie früheren Zeiten stets gemacht hat. Und doch hat es mancherorten immer noch den Anschein, als habe sich das geltende Gesetz, ungeachtet seiner Charakterisierung als „Notordnung", derart absolut setzen können, daß Änderungsvorschläge rein juristischer Art schon einen Beigeschmack von Unglauben an sich tragen. Glaube und gesetzliche Ausformung sind in manchem einen so engen Bund miteinander eingegangen, daß es schwer sein wird, beide auf die Relation zurückzuführen, die allein ihnen zukommt, nämlich Wandelbares vom Irreformablen zu trennen. Unmoralisch wird es aber, wenn man versucht, dieses Niemandsland zwischen Glaube und Recht in sich ungerodet zu belassen, Reformen unter Berufung auf die herrschende Krise zu verzögern (die Argumentationen gehen ja wieder einmal lustig-unverfroren hin und her zwischen Bekenntnis und Juristereien) und neue Modelle auf die Ebene eines wie immer gearteten Säkularismus herunterzudrücken. Eine weitere Variante dieser Verblendungskunst ist wohl darin zu erblicken, daß nach wie vor der Versuch unternommen wird, ja, daß er sogar zu glücken scheint, bestehende Probleme der Sozialform von Kirche als theologisch relevant zu definieren (F. X. Kaufmann), so daß jede organisatorische Veränderung entweder quasi-theologisch legitimiert oder als Marginalie eingestuft werden muß, um sie überhaupt durchsetzen zu können. Jeder, der sich mit konkreten Reformen in der Altkirche befaßt hat (und daran gescheitert ist, ja scheitern mußte), wird diese Erfahrung gemacht haben, die auf der bereits erwähnten Sicherungsideologie, ihren rechtlichen Ausdrucksformen und ihren Interpretationsmodellen, die sie anderen aufdrängt, bevor sie sich überhaupt in einen dialogischen Monolog mit ihnen einzulassen geruht, beruhen mag.
Daß sich uneingestandene Mechanismen solcher und ähnlicher Art nicht gerade als Vorgaben für eine demokratische Bewußtseinsänderung, ja nicht einmal als Gründe für ein Aufrechterhalten der Konkordate im alten Sinn, d. h. ohne jede Abstriche, empfehlen können, müßte sich von selbst verstehen. Von daher ist auch unsere letzte Anregung zu verstehen, die Bitte nämlich um demütige und nicht wieder auf Privilegien pochende Einordnung in die Vorgegebenheiten einer (in etwa demokratisch strukturierten) pluralistischen Gesellschaft von seiten der Kirche. Bislang mußten zwar nicht wenige, schlimm genug, davon ausgehen, die Altkirche schon deswegen als einen prinzipiell antidemokratischen Faktor in der Gesellschaft betrachten zu sollen,

weil diese ihr eigenes Recht gegen jede noch so geringfügige „Demokratisierung" abzuschirmen verstanden hatte. Andere gingen noch
weiter und schlossen aus dieser Tatsache, daß eine solche Kirche
schlechthin vertragsunwürdig sein müsse, ja, daß sie sich, falls sie je
aus der Glorie der Unvergleichlichkeit auf den Boden der Realitäten
im säkularen Staat zurückfände, am ehesten noch mit einer monar-
chisch verfaßten, wenn nicht gar totalitären Institution vergleichen
ließe. Verträge mit solchen Partnern aber seien von vornherein suspekt und daher in sich unmoralisch, bestünden sie jedoch, so könne
man sie allenfalls als einen Beitrag zu innerkirchlicher Entwicklungshilfe in Sachen Demokratie verstehen, jede andere Art von „Unvergleichlichkeit" aber lasse sich weit und breit nicht erkennen, geschweige
denn vom Staat honorieren. Es wird also, in einem folgenden Abschnitt, genauer zu analysieren sein, inwieweit diese Argumentation
begründet ist, die vor allem an dem Faktum ansetzen mag, daß die
Altkirche ihre Konkordate ohne jeden Basis-Bezug, ja unter – theologisch verbrämter – Ausklammerung jeglicher Mitbestimmung von
unten, unter Mißachtung eines demokratischen Grundprinzips also,
aushandeln, abschließen und aufrechterhalten konnte, und letzteres
bis zum heutigen Tag.

2. Heilige Geschäftspartner
oder: Besitzt Petrus ein Grundstück in Rom?

Als juristisch faßbarer Partner der meisten Abkommen mit weltlichen
Mächten fungiert entgegen der immer wieder vorgetragenen Meinung
nicht der Vatikan, sondern „die katholische Gesamtkirche" (was immer man darunter verstehen mag), welche repräsentiert ist durch den
sogenannten „Heiligen Stuhl". Was nun genau sich hinter dieser so
fromm anmutenden Bezeichnung verbirgt, muß vorab geklärt werden. Das katholische Kirchenrecht definiert in seinem Gesetzbuch dieses Etwas genauer, wenn es schreibt, unter diesem Sammelbegriff sei
in der Regel nicht nur der römische Papst, sondern auch die römische
Kurie als das Organ, durch welches dieser seine Amtsgeschäfte zu
erledigen pflege, zu verstehen. Im übrigen komme dieser Institution
in Abhebung von den sogenannten „natürlichen Personen" der Rang
einer „moralischen Person" zu, und das, wohlbemerkt, kraft göttlicher
Anordnung.

Doch ganz abgesehen von der Lückenhaftigkeit der Legaldefinition als solcher, welche das institutionalisierte Amt, den Papst als seinen Träger sowie die Kurie als dessen Hilfsorgan zusammenbindet, ohne genügend auf Differenzierungen zu achten, so daß allzu leicht und gern der Papst als angegriffen ausgegeben werden kann, wenn man sich lediglich gegen die kuriale Apparatur wendet, es ist und bleibt auch die Rechtsfiktion selbst mehr als fragwürdig, und das, obgleich sie als mehrfach abgesichert zu gelten beansprucht. So wurde etwa zur Lösung der sogenannten „Römischen Frage" dem von Mussolini geführten Italien eine auch völkerrechtlich bedeutsame Anerkennung ebendieses zunächst innerkirchlich postulierten Anspruchs auf einen gesonderten Rechtsstatus abverlangt, und das mit der schmeichel-haften Begründung, dem Heiligen Stuhl müsse zur Wahrung der völligen und sichtbaren Unabhängigkeit in der Erfüllung seiner hohen Aufgaben für die Welt eine unstreitige Souveränität auch auf inter-nationalem Gebiet verbürgt werden. Die Argumentation, welche in bewährt biblischer Manier mit den uns nicht gerade unbekannten Begriffen der „Sicherung", „Wahrung" und „Autorität" jongliert, gipfelt in der Aussage, ein solcher Status sei geradezu eine Wesens-eigenschaft des Heiligen Stuhles und zudem noch fest in der Tradition begründet. Wer noch eines Beweises dafür bedurft hätte, welche For-men die Sicherungsideologie in der Altkirche annehmen konnte, ja auf welcher „Tradition" sie beruhe (die „heilige und unverletzliche" Person des Papstes wird ausdrücklich derjenigen des Königs gleich-gestellt), der bekommt ihn hier, völkerrechtlich sanktioniert, ange-boten.

Zwar wird man geneigt sein, so manche Bezeichnung, wie etwa die ständige Rede von den „heiligen" oder „ewigen" Personen und Orten, eher als Romanismus denn als biblisch fundierte Wesensaussage (Mt 23, 8–12) gelten zu lassen, obgleich auch diese Gepflogenheiten schon längst skandalös erscheinen (sind nun doch nicht alle Katholiken auch Italiener); doch müßte man hellhörig werden, wenn einem da bis auf den heutigen Tag die Verteidigung von Rechtspositionen angedient werden soll, die in sich nicht im geringsten gegen die Auffassung zu zeugen in der Lage sind, die Altkirche stelle einen prinzipiell anti-demokratischen Faktor in dieser Welt dar, und das weniger aufgrund ihrer eigentlichen Lehre, sondern eher wegen deren Perversionen. Oder wie kann man mit so erschreckenden Fakten wie der Tatsache, daß der Apostel sein Grab in die Grundlage einer der ausgeprägtesten

Anhäufungen von Immobilien der Geschichte (von den notwendigerweise damit verbundenen Spekulationen gar nicht zu reden!) umfunktionieren lassen mußte, ja, daß sein Tod, die letzte Entäußerung also, langsam aber sicher zur Basis größter Privilegierung, des Besitzens schlechthin, ausgestaltet wurde, anders zu Rande zu kommen versuchen? Wer hat heute noch die Stirn, öffentlich, den Staaten gegenüber und unter dem Auge und Gericht so vieler Entäußerter, die schrecklichen Interessentheologien, nach denen Grundbesitz (welcher juristisch betrachtet zudem noch nicht einmal in Rom liegt, sondern im Vatikan, so daß der Bischof von Rom seine Diözese vom Exil aus zu betreuen hat!) eine unverzichtbare Voraussetzung der kirchlichen Existenz überhaupt (biblische Begründung: Mt 8, 20) darstelle, aufrechtzuerhalten? Wer sieht heute noch im Vatikan oder im Petersdom etwas anderes als Monumente aus einer für die Kirche nur traurig zu nennenden Epoche? Wer fühlt sich nicht zuinnerst von der Frage betroffen, ob nicht die Altkirche drauf und dran sei, zum „Grab Gottes" (R. Adolfs) zu werden?

Man wird all diese Probleme, über ihre speziell „römischen" Ausprägungen hinaus, doch nicht ohne ständigen Rückblick auf diese, einmünden lassen in die grundsätzlichere Überlegung, ob nicht die Altkirche einem absolutistisch-monarchischen Grundmodell verhaftet sei (und dies ohne einen theologisch plausiblen Grund!) und schon von daher weder demokratischem Bewußtsein aufzuschließen sei noch für sich so wichtige Probleme wie etwa das der Macht und ihrer Konfrontationen klären wolle. Selbstverständlich können hier nicht alle Nuancen dieser Problematik angesprochen werden – die Literatur zum Thema ist selbst übermächtig. Doch wird man darauf hinweisen dürfen, daß es in der Kirche Jesu Christi zwar einen „von seinem heiligen Ursprung (ἱερὰ ἀρχή) her ermächtigten Dienst" geben muß, daß dieser jedoch, ganz im Gegensatz zu dem, was gerissene Taktiker und deren übereifrige Apologeten daraus machen durften, nicht als Macht an sich existiert, gleichsam zur verbrämten Befriedigung privater Besitzansprüche, sondern daß diese Macht von demjenigen, der allein sie übertragen hat, selbst eingebunden bleibt in verschiedene „conditiones sine qua non".

Macht ist in der Kirche also nur möglich und legitim, wenn sie sich bindet oder binden läßt sowohl an ihren heiligen Ursprung, von dem her sie bis in unsere Zeit hinein durchwirkt wird, als auch an ihren alleinigen Zweck, den Dienst an den Menschen. Löst sich nun kirchliche Machtausübung aus ihrem Ursprung – und wer wollte das nicht auf Schritt und Tritt bezeugen können? –, so pervertiert sie sich selbst ebenso wie wenn sie ihr Ziel verleugnet. Sie ist dann in sich grundsätzlich entmachtet und steht unter dem Gericht Gottes und der Menschen, so machtvoll sie sich auch noch über Jahrzehnte hinweg zu gerieren versteht. Legitim ist sie ausschließlich in der Bindung an ihr Woher und ihr Wohin. Sie steht im Horizont des Erbarmens Gottes, das sich allen Menschen, ungeachtet dessen, ob sie „oben" oder „unten stehen, zuneigt. Es wäre also ziemlich hilfreich, wenn schon von „potestas" die Rede sein soll (und das geschieht ja in der Kirche nicht gerade selten), auch von der anderen Komponente, dem Stehen unter Gottes Erbarmen und Gericht, zu sprechen und dieses nicht einfach zu unterschlagen. Gleichwohl wird man zugeben, daß es wesentlich leichter fällt, den Faktor „Macht" auch juristisch in den Griff zu bekommen und ihn bis in die Details eines Konkordats hinein zu regeln, aber fragen muß man sich doch, ob sich der geistliche Auftrag denn so ohne weiteres gerade in die kirchlichen Strukturen von heute, und seien sie noch so qualifiziert abgesichert, fortsetzen lasse, ob also Charisma einfach durch Behördenorganisation vervielfacht werden könne. Eine solche Fragestellung stößt in viel tiefere Schichten vor als die neuerdings zu beobachtende Auffassung, welche eine rechtliche Veränderung bestehender Amts- und Machtstrukturen als solche ablehnen und stattdessen darauf verweisen möchte, daß kirchliches Amt als „Dienst" schlechthin aufzufassen und somit einem ethischen Postulat zu unterwerfen sei.

Ganz abgesehen von der noch zu erörternden Frage, ob es Sittlichkeit eigentlich im Gegensatz zu Recht geben könne oder ob es, zumindest unter Christen, nichts anderes als ein „sittliches Recht" geben müsse, sind moralische Appelle an die Mächtigen nun doch wohl zu wenig effektiv. Nicht die letztlich unwirksame Beschwörung des Dienstgedankens als eines ethischen Modus, sondern nur das geklärte Sach- und Rechtsverständnis selbst kann, wie H. Dombois zu Recht betont hat, den Dienstcharakter kirchlichen Tuns herausarbeiten und konsequent genug handhaben. Die Begrenzung kirchlicher Herrschaft ist also kaum in bloßen Aufrufen zu suchen, so wichtig diese auch für das innerkirchliche Gesamtklima sein mögen, sondern sie muß sich auch rechtlich, wenn auch nur im Horizont der bereits erwähnten „Notordnung", fassen lassen. Man kann also einfach nicht mehr überholte Rechtsmodelle, Ergebnisse früherer Anpassung an ehemalige

Machtstrukturen somit, damit verteidigen, daß man ihre Täter an ihr Gewissen erinnert. Vielmehr müssen, bei allem Wissen um die Vorläufigkeit gerade des rechtlichen Planens, Strukturen der Machtausübung gesucht werden, die dem modernen Verständnis entsprechen, menschen- und sachgemäß sind und dieses Verständnis – utopisch genug – vielleicht in einzelnen Punkten schon wieder in eine gemeinsame Zukunft hinein überholen.

Mit aller Vorsicht – die Frage nach dem inneren Trauma des Rechts, selbst oft genug Ergebnis von Macht und Herrschaft zu sein statt seine Begründung in seiner Menschengemäßheit zu finden, ist hier ja nur anzudeuten – seien einige Überlegungen zu dem unerschöpflichen Thema, Macht über die Macht zu gewinnen, bereits an dieser Stelle angeführt: So muß etwa Macht von Zeit zu Zeit zurückgenommen werden, auch wenn sie legal ist oder dünkt. Viele derzeitige Machtmultiplikatoren in der Kirche sind ja Notlösungen (wie oft muß das denn noch gesagt werden?) und daher nur als solche auszugeben. Eine herrschaftsarme Kirche („herrschaftsfrei" wird sie ja wohl nie werden können) wollen heißt damit: zugeben, daß nicht alles überzeitlich ist, schon gar nicht das, was als „ewig" ausgegeben wird, und mutig darauf verzichten. Macht muß auch ständig konfrontiert werden. Dies ist wohl noch wichtiger als die immer wieder vorgeschlagene ständige Kontrolle, denn wer kontrolliert schließlich die Kontrolleure? Konfrontation aber heißt: Wie steht es um den Ursprung, die alltägliche Ausübung und das konkrete Ziel der Macht? Wer kommt in der Kirche zu Macht und wie? Wer ist durch Machtausübung schon als Mensch überfordert und weshalb? Wie trennt man sich in der Kirche von der Macht und weshalb? Macht muß auch um ihre Gefährdung wissen.

Spezifische Machtstrukturen, denen mit ethischen Dienstappellen allein eben nicht beizukommen ist, sind etwa: die Ausbildung eines „Kabinettsrechts", von wenigen Kennern und Spezialisten entworfen und am Leben erhalten; der Rest, die Basis, gehorcht, schon weil ihr allzuviel verschwiegen wird oder sie ohnehin nichts davon verstehen kann, da sie beim Zustandekommen gar nicht gefragt wurde, wie es etwa bei Konkordatsabschlüssen, bei der Regelung des „Verhältnisses" also, zu geschehen pflegt. Auch fallen unter diese Kategorie die Fehlformen eines „Dienstrechts", denen der Dienst an den Institutionen (und handle es sich um die Ehe!) schon deswegen leichter fällt als der an den Menschen, weil die letzteren dauernd wechseln, während die Institutionen mit viel Liebe zum rechtlichen Detail ausgebaut und umsorgt werden können, so daß sie, und nicht die Menschen, auch immer die sogenannte „Tradition" auf ihrer Seite haben. Des weiteren ist zu nennen die Ausbildung eines „Adaptationsrechts", welches alles Oppositionelle zu integrieren oder zu eliminieren sucht, um den Gewissenswurm der Konfrontation zu ertöten, und sei es gegenüber den staatlichen Instanzen. Oder weshalb gibt es in manchen Ländern denn so wenig handfeste Kräche zwischen Staat und Kirche? Schließlich wäre noch zu nennen die Ausformung eines „Deklamationsrechts", welches Leerformeln immer haarscharf an den Menschen vorbei rechtlich absichert, ohne daß sie jemand versteht und bewußt befolgen kann; endlich auch die Angewohnheit so vieler Mächtiger in der Kirche, ungeklärte Fragestellungen auf dem Niveau privaten Versagens abzuhandeln und sogenannte „sekundäre Ärgernisse", nicht zuletzt im politischen Bereich, statt des Kreuzesskandalons aufzubauen.

Diesen Versuchungen der Macht, welchen die heutzutage überall zu beobachtenden Entfremdungen zwischen Amt und Basis entsprechen, kommen nun vor allem solche Faktoren entgegen, die in der sogenannten „Verfassungswirklichkeit" der Altkirche selbst begründet liegen. Diese Realität kirchlicher Organisation und ihre theologische Legitimationsbasis ist jedoch noch viel zu wenig kritisch durchleuchtet worden. Daher scheint es noch immer möglich zu sein, Zustände aufrechtzuerhalten und für diese gar eine biblische Fundierung zu reklamieren, welche, genauer betrachtet, nicht viel anderes darstellen können als eine bestimmte, in einer konkreten Epoche der kirchlichen Tradition eingefrorene und nie wieder aufgetaute Verfassungsart unter vielen anderen Möglichkeiten, die sich seither in ähnlicher Weise angeboten hätten, hätte man die Offenheit der kirchlichen Gesamttradition, ihre Nebenstränge auch, die den „Siegern" zum Opfer fallen mußten, anerkennen wollen und sich nicht darauf beschränkt, institutionalisierte Verlegenheitslösungen früherer Zeiten als überzeitlich auszugeben. Man wird also den theologischen Argumentationen gegenüber, die selbst heidnische Relikte noch christlich aufzumöbeln suchen, vorsichtig sein müssen und lediglich darauf verweisen, daß es im allgemeinen überhaupt sehr schwer fällt, die Konkretionen kirchlicher Amtsführung theologisch auch nur halbwegs schlüssig zu legitimieren. Vielmehr wird man zunächst ganz einfach die innerkirchlichen Fakten ihre den neuzeitlichen Menschen und sein gewandeltes Bewußtsein oft genug beschämende Sprache sprechen lassen. Dabei könnte auffallen, daß weder die kirchliche Rechtsordnung an sich noch ihre faktischen Konkretionen auch nur einen Bruchteil an „Demokratisierung" erkennen lassen: So fehlt es etwa prinzipiell an der (Chancen-) Gleichheit (zumal bestimmte Personengruppen an sich privilegiert, andere rechtlich unterentwickelt sind wie etwa die Frauen, die unehelich Geborenen, die „laisierten" Priester), an der Autonomie der Individuen, an der Gewaltenteilung, an praktikablen Formen der Mitbestimmung (etwa im Wahlverfahren zur Ämterbesetzung, welches die gegenwärtige Selbstrekrutierung der untereinander Frommen und Treuen ablösen könnte), an der Transparenz der Entscheidungsprozesse, an der Institutionalisierung einer Oppositionsbasis, am Öffentlichkeits- und Mehrheitsprinzip, an einem hinlänglichen Rechtsschutz, an einer passablen Verfassungs- und Verwaltungsgerichtsbarkeit, an einem nicht nur gehorsam-orientierten Dienstrecht, kurz, beinahe an allem, was die gegenwärtige Demokratie erst erträglich machen kann. Bei dieser Sach- und Rechtslage nimmt es zwar kaum wunder, daß in einer Welt, die entscheidend durch das neuzeitliche Freiheitsverständnis geprägt ist, die stärksten Bewegungen zu deren Verwirklichung nicht innerhalb, sondern außerhalb und oft gegen die Kirche aufgebrochen sind und daß dieser Prozeß, für den sich vielleicht nun doch auch einige evangelische Legitimationen finden ließen, an der Altkirche vorbei, ja gegen sie gerichtet, vor sich gehen muß. Und doch verwundert die Unverfrorenheit, mit der der Status quo als gottgewollt und menschengemäß ausgegeben wird, obwohl es doch jedermann einsichtig geworden sein dürfte, daß sich die tatsächlichen Formen der Kirchenleitung auf Mittel stützen, die dem säkularen Bereich (von ehedem allerdings) entliehen sind und sich nicht etwa auf Glaubensprinzipien berufen können. Oder gibt es noch einen ernstzunehmenden Exegeten, der die Ablehnung innerkirchlicher Fortschritte auf anfängliche Demokratie hin, all diese großinquisitorischen Denkfaulheiten und Kurzschlüsse, wie sie immer noch propagiert werden, und das aus „Glaubenstreue", auf die Schrift zu stützen wagt? Nein, stattdessen gibt es jedoch noch heute Theologen, selbsternannte Angehörige des „heiligen Restes" zumal, die sich ihrer nicht selten faschistoiden Denk- und Sprechweise nicht schämen und einfach so vor sich hin argumentieren: Ein „Führertum" sei, vor allem innerkirchlich, da biblisch begründet, jeder „Demokratisierung" vorzuziehen, jedes Wahlrecht beruhe auf Konzessionen der Obrigkeit, ja, jeder demokratische Zug in der Verfassung der Kirche sei lediglich als Zugeständnis, als Selbstbeschränkung der Amtsträger zu verstehen, Mitbestimmung schwäche die kirchlichen Führungsenergien und gefährde den Heilszweck überhaupt, Gleichheit sei Nivellierungssucht, Räte begünstigten die Flucht aus der Verantwortung, Kabinettspolitik sei im eigentlichen volksnah, Information stelle eine bessere geistige Vergewaltigung dar, die Autoritätskrise lasse sich durch „Führung" und durch nichts anderes lösen, zumal die Mehrheit der Gläubigen ohnehin kein Bedürfnis nach Demokratie, sondern nach Befehlserteilung verspüre, kurz, Demokratie sei schon für den Staat und die Gesellschaft als Krisenherd suspekt, für die Kirche jedoch völlig abwegig, und das weil Gott selbst es so gewollt habe.

Scheint man sich somit an die schmerzliche Beobachtung gewöhnen zu müssen, daß solche Argumentationsfiguren lediglich vergröbert das zu fassen suchen, was als uneingestandener Anspruch durch kirchliche Amtsstuben geistert und selbst ganze Pseudokollegien zusammenzuhalten imstande ist, so bringt man vielleicht auch eher Verständnis auf für die Aussage, daß das Pochen auf eine in diesem Sinne „unverfügbare Satzung" im innersten einem Raub am Gottesvolk und seinen charismatisch verbürgten Freiheiten gleichkomme; einem Vergehen also, das am allerwenigsten noch durch die neueren formalen Demokratismen in der Altkirche (wie etwa mit Hilfe des nachkonziliaren „Rätesystems" oder gar nach Art des Zentralkomitees der deutschen Katholiken, um ein besonders absurdes Beispiel zu nennen) beschönigt werden dürfe. Man müßte dann ebenfalls in aller Offenheit darauf hinweisen, daß der in Sachen Demokratie solchermaßen verspielte Kredit der Altkirche weder aufgrund eines Konzils, das in sich trotz unbestreitbarer Erfolge wieder eine strikt klerikal strukturierte und von den theologisch-priesterlichen Professionalisten beherrschte Versammlung darstellte, erneuert werden könne noch unter Hinweis auf Einzelfälle demokratischer Gesinnung, die zudem stets außerhalb binnenkirchlicher Legalität angesiedelt sein müssen, um tragfähig zu sein; sondern man habe ruhigen Gewissens lediglich von der einen Feststellung auszugehen, die Altkirche stehe sich selbst im Weg (A. Delp) und beweise dies nicht zuletzt durch ihr Festhalten an einem unter solchen Umständen zustandegekommenen Konkordat, einer der Spätfolgen also jener konstantinischen Ur-Wahl zugunsten der je Mächtigen, getätigt in der unvergleichlichen Sensibilität für wahren Einfluß, deren sich ebendiese Kirche immer rühmen konnte.

Wie jedoch eine derart festgelegte Kirche, deren neueste Verlautbarungen zur Frage ihrer Verfassung (des „Grundgesetzes", man erinnert sich!) wiederum nur in der Verteidigung ihrer eigenen Privilegien, nicht aber im Eintreten für die der anderen bestehen, noch den Anspruch erheben kann, in dieser Welt ein Wächteramt innezuhaben, moralische Grundwerte verkündigt und gar die „reine Lehre" verteidigt zu haben (als sei gerade diese nicht eher in der Treue und Verläßlichkeit Gottes als in einer mit inquisitorischen Mitteln gehüteten „Wahrheit" begründet), und weshalb sie sich, nimmt jemand in dieser Welt dieses ihr Postulat nicht mehr ernst genug, in eine Martyrerrolle flüchten darf, und das wie es scheint ungestraft, das alles muß schleierhaft bleiben.

Eher verständlich ist demgegenüber die Auffassung, ein solcher Geschäftspartner, und möge er sich, streng biblisch, selbst den Beinamen „heilig" verliehen haben, und das nicht zuletzt, um seinem Recht eine moralische Kraft zuschreiben zu können, sei in Fragen der Menschen- und Sachgemäßheit der von ihm getroffenen Regelungen, ja der Sittlichkeit seiner Verfassung schlechthin, zumindest um Jahre hinter dem „sittlichen Recht" (J. A. Stüttler) seines Gegenübers, wie es sich etwa, trotz aller Vorbehalte, im Grundgesetz der Bundesrepublik Deutschland ausgedrückt hat, zurück; dies gelte sogar in einem Maße, daß man, wenn überhaupt, nur jenem staatlichen Partner die grundsätzliche Option für eine menschenwürdige Moral von heute zubilligen könne. Macht man sich diese Meinung zu eigen (und es spricht vieles dafür, man braucht nur etwa einmal die Gesamtwirklichkeit des dem Menschen und seiner unantastbaren Würde so verpflichteten Grundgesetzes mit den Aussagen des kirchlichen Gesetzbuches zu vergleichen, welche Menschenwürde vor allem als ein Klerikerprivileg anzusehen gewohnt sind), so kann man unter anderem unschwer daraus folgern, daß die Fragen nach dem „Fundamentalkonsens" in unserer Gesellschaft wie nach den Einzelreformen (Strafrecht, Ehe- und Familienrecht) nicht mehr unbedingt aufgrund der leergewordenen Ansprüche der kirchlichen Berufsmoralisten beantwortet zu werden brauchen, so lautstark diese sich geben mögen. Ja, man kann sogar daraus schließen, daß viele Politiker und Juristen hierzulande und noch mehr Jugendliche jeglicher Provenienz, wenn auch ungewollt, schon wegen ihres Eintretens für den Menschen und seine gegenwärtigen Belange als „anonyme Christen" gelten müßten, auch wenn und gerade weil sie es nicht so gewohnt sind wie die

Profis, dieses ihr Christentum oder auch diese ihre Sensibilität für die Sache des Menschensohnes vor sich her zu tragen.

Man wird somit wohl auch unbesorgt davon ausgehen dürfen, daß die eigentlich sittlichen Grundhaltungen keine Domäne der professionellen Christen, und insinuierten diese es täglich, darstellen. Damit kann „Moral" heute, d. h. unter den reformfeindlichen Umständen innerhalb der Altkirche, weniger von denen verteidigt werden, die innerkirchliche Systeme, welche in sich fast durchgängig menschenunwürdig sind und jeder Reform in Richtung auf eine auch nur halbwegs passable Menschengemäßheit verschlossen bleiben müssen, aufrechterhalten wollen. Vielmehr muß sie von seiten derer verteidigt werden, die, obwohl von Konkordaten u. ä. grundsätzlich unberührt, da gar nicht nach ihrer Meinung befragt oder nach pseudotheologischer Ansicht überhaupt nicht befragbar, eine leidenschaftliche Liebe zur Veränderung der Welt, zum Mitgestalten des Humanisierungs- (und Demokratisierungs-)prozesses haben oder zumindest, sagte man ihnen endlich die Wahrheit, haben könnten. So schmerzlich es einen berühren muß, schon wieder im Stil der vorkonziliaren Theologie moralische Verdikte fällen zu müssen, so dringlich ist dies, und das schon deswegen, weil gerade solche Leute, die sich nicht im geringsten auf das oft existenzbedrohende Wagnis der Humanisierung eingelassen haben, in typisch reaktionärer Weise schon wieder jeden Rückschlag im reformerischen Tun auszunützen suchen, nur um ihr eigenes politisches Süppchen, und dies gleichermaßen in Staat und Kirche, kochen zu können.

Nun wird es sich heute kaum auf die Dauer ganz verhindern lassen, daß sich Leute dieses Schlages als „Retter" aufspielen, als hätten sie vergessen, daß sie wie alle übrigen nichts als „Gerettete" sind und sein können (und das auch für die Zeit nach 1945), nimmt man den christlichen Anspruch überhaupt noch ernst. Es wird auch kaum ausbleiben, daß sie wie schon früher ihren „Realismus" gegen alle reformerischen Utopien und Sehnsüchte, ihre „aufbauende" Kritik gegen jeden wirklichen Neuansatz durchsetzen werden, doch das Eine, Irreversible, Nichtumkehrbare können sie nie mehr ungeschehen machen: Allzu viele haben sie spüren lassen, und sei es nur vorübergehend gewesen, daß ihr Exklusivanspruch auf „Christlichkeit", auf „Moral" o. ä. nichts anderes als leer und amoralisch ist und daß niemand mehr bindend auf solcherlei zu verpflichten sein wird. Allzu viele haben diese Entwicklung bemerkt und sich die daraus folgende

Erkenntnis zu eigen gemacht: Die lehramtsgängige Einteilung in „Moralisten" und „Nichtmoralisten", dieses streng biblische Endrichten, mußte von dem Zeitpunkt an entlarvt und entschärft sein, da „Christen", seien sie es nun mit öffentlich getragenem Namen oder in legitimer Anonymität, sich gefunden haben in Aktionen und Denkleistungen (man erinnere sich nur an die Vorgänge um Dom Helder Camara!) zur Veränderung dieser Welt auf ein neues und besseres Menschen- und Gesellschaftsbild hin, und da sie dies gemeinsam, strikt an der quantité négligéable der Mächtigen in der Altkirche vorbei, gewagt haben.

Trotz dieser prinzipiellen Einsicht, in die sich auch die Erfahrung organisch einfügen lassen wird, aufgrund der erwähnten Sach- und Rechtslage sei selbst die Bezeichnung „Heiliger Stuhl" eine fast beliebig austauschbare Worthülse für eine in bestimmter Tradition angesiedelte Rechtsfiktion, bleibt doch unter den gegebenen Umständen (Politik als Kunst des Möglichen!) das Faktum einer solchen Instanz bestehen, so daß es, zumindest für eine gewisse Periode des Übergangs, bewältigt sein muß: Es bleibt also sowohl zu fragen, welche Stellung der (Alt-) Kirche in der Weltgesellschaft von heute generell zukommen könne, wenigstens insoweit sich Lösungsvorschläge schon heute abzuzeichnen beginnen (im nächsten Abschnitt unserer Untersuchung gehen wir auf dieses Problem ein), als auch zu diskutieren, gerade im Zusammenhang mit unserer Fragestellung nach den „Geschäftspartnern", wie man heute am besten mit ebendieser Institution „Heiliger Stuhl" zurechtkommen könne.

Zum weiteren Verständnis muß zunächst aber an einige bereits erwähnte Grundkonzeptionen der Altkirche und ihres „Managements" erinnert werden; nämlich an die Ekklesiologie des in Glaube und Disziplin in sich geschlossenen und gegen die „Welt" da draußen sorgsam abgeschirmten Blocks mit ihrer wegen der ihr zugrundeliegenden ahistorischen Ideologie recht fragwürdigen Legitimationsbasis sowie an einige sich daraus ergebende noch anfechtbarere Konsequenzen wie etwa die Vorstellung, Kirche und Staat hätten einander zu begegnen als in sich nach Art von „societates perfectae" geschiedene Großmächte, welche untereinander allenfalls „diplomatische Beziehungen" aufnehmen könnten. Ebendiese Konzeption hat sich ja, wie F. Houtart neuerdings zu Recht unterstrichen hat, auf ein bestimmtes Modell (unter mehreren, für Christen gleichermaßen legitimen Möglichkeiten!) festgelegt, so daß es davon ausgehen muß, souveräne Nationalstaaten hätten ihre (Friedens-) Belange mit Hilfe der entsprechenden zwischenstaatlichen Beziehungen zu regeln. Der „Heilige Stuhl" nun hat sich seinerseits (ziemlich konsequent allerdings, ist man bereit, alle seine Voraussetzungen anzuerkennen) stets darum bemüht, eine vergleichbare „Souveränität" und internationale Rechtspersönlichkeit zu erlangen. Diese seine Absicht hat er sich deswegen in „Konkordaten", also in ebensolchen, nach „zwischenstaatlichem" Muster gefertigten Verträgen, mehrfach bestätigen lassen, und sei es auch nur von Staaten bestimmter Machart (Spanien 1953, Dominikanische Republik 1954, Venezuela 1964). Nur hat dieses Modell, welches nach Lage der Dinge sogar ein derart gewichtiges Symbol für einen bestimmten Anspruch abendländischer Prägung (wie man sich erinnert, sind wichtige Staaten ausgespart worden!) darzustellen hat, daß etwa die heutige Bundesrepublik es kaum ändern könnte, ohne aus dem Gesamtsystem auszubrechen, eben fast gar keine echte Chance, mit den eigentlich neuzeitlichen Entwicklungen fertig zu werden. Es hat diese nämlich aufgrund seiner im eigentlichen mittelalterlich geformten Vorstellungswelt schon von vornherein ausgeklammert: Beziehungen zwischen den die Nationalstaaten von einst mehr und mehr überschneidenden Welt-Blöcken von heute oder gar Beziehungen zwischen innerstaatlich und innergesellschaftlich bedeutsamen Gruppierungen lassen sich damit kaum regeln. Dem Heiligen Stuhl dürfte es daher entgegen seinem Anspruch auf eine weltumspannende Vermittlerfunktion, kaum gelingen, diese noch wichtigeren Probleme mitanzugehen. Vielmehr muß er sich notgedrungen, da im eigenen System gefangen, darauf beschränken, andere, dieser seiner Vorstellungswelt verschlossen bleibende Staaten zu verurteilen. Allenfalls könnte er versucht sein, eigentliche Basis-Bewegungen schon deshalb zu verdächtigen, weil sie seine Kreise (auf dem speziellen Niveau der „Souveräne", der Konkordatspartner eben) stören. Zudem könnte er der Gefahr erliegen, lediglich zu systemimmanenten Reformen statt zu systemverändernden Revolutionen aufzurufen (und das schon aus diplomatisch begründeter Rücksicht auf die mächtigen Partner, mit denen man eben einen Vertrag, wenn auch unter Ausklammerung der Basis, geschlossen hat), ja immer wieder die eigenen Absicherungsideologien, oft genug noch aufs peinlichste vermischt mit Hegemonieansprüchen neuerer Prägung, d. h. auf die spezifische, wenn auch mehr und mehr unbeweisbare „moralische" Größe gegründet, vorzutragen.

Um so schmerzlicher wird man in dieser bisherigen Konzeption, die den genuin christlichen Anspruch an die goldene Kette der diplomatischen Beziehungen unter den jeweils Mächtigen gelegt hat und diese Verstrickung noch als einen gelungenen Befreiungsversuch auszugeben gewohnt ist, so vieles von dem vermissen, was den neuzeitlich moralischen Menschen ansprechen könnte: das Eintreten für die Unterprivilegierten etwa ohne Rücksichten auf bestimmte Vorgegebenheiten (Judenfrage, Kolonialkriege); auch eine systematische Entäußerung von systemgebundener Macht oder die strikte Neutralität der wirklich (und nicht nur in päpstlichen Ansprachen) von Bindungen aller Art gelösten Kirche; kurz, lauter Konkretionen christlicher Sittlichkeit, wie sie etwa der Ökumenische Weltrat der Kirchen wagen zu können scheint, und das, auch ohne eine derart qualifizierte Rechtsstellung innezuhaben, wie sie der „Heilige Stuhl" (um eben auf seine besonders „christliche" Art tätig werden zu können) noch immer für sich reklamiert.

Unter diesen Umständen verwundert es kaum, daß so viele hohe Ansprüche des „Heiligen Stuhles" wie die nach „Dienstfunktion", nach dem „überstaatlichen Band der Einheit", nach einem Rechtsstatus sui generis scheitern müssen, und das nicht etwa weil die „böse Welt" von heute dem kirchlichen Antragsteller nur feindlich gesonnen wäre, ganz im Gegenteil, sondern weil dieser sich selbst im Wege stehenbleibt. Solange er eben noch für sich wirklich nicht viel mehr ins Feld führen kann als die Tatsache, eine innerkirchliche Organisationsform und deren speziell christliche Ausprägung nach Hierarchenart zu favorisieren sowie die meisten von ihnen detailliert noch so im eigenen Gesetzbuch festzuschreiben, daß man nicht ohne Grund befürchten muß, es erfülle noch nicht einmal die Anforderungen der Menschenrechts-Charta der Vereinten Nationen, solange er also noch nicht einmal seine Innenwelt auf den neuesten Stand gebracht hat, darf er sich kaum schmeicheln, von seiner Umwelt als leuchtendes Vorbild ernst genommen zu werden. Vielmehr muß er sich, schmerzlich genug, fürs erste wohl damit zufriedengeben, seine eigentlich „christlichen" Chancen verspielt, ja an andere abgegeben zu haben. Er wird sich zudem damit abfinden müssen, nach Lage der Dinge, ohne Vorleistungen also, in der Weltfamilie der Demokraten zumindest nur als ein unbestimmbar unzeitgemäßes Etwas toleriert zu werden, auf das man, nolens volens, nicht verzichten kann, weil man vielleicht früher einmal einen Vertrag mit ihm eingegangen ist.

Von daher gesehen, ist der bisherige Status des „Heiligen Stuhles", derjenige eines „Beobachters" nämlich, bei den wirklich entscheidenden Organisationen dieser Welt und ihren Kirchen ausgesprochen passend: Mehr als dies kann vorerst nicht erwartet werden, mehr leistet er einfach nicht. Eine auf derselben Ebene liegende weitere Konkretion des gegenwärtig einzig realistischen Status des „Heiligen Stuhles" ist gewiß auch noch darin zu erblicken, daß der Vatikan als solcher durch die UNESCO in die Reihe der schutzwürdigen Kulturgüter aufgenommen worden ist (18. Januar 1960). Eine solche Denkmalspflege verrät einiges Gespür für Tatsachen, und das zumindest so lange, wie man in Rom nicht wieder ernsthaft damit beginnt, als bescheidene Vorleistung wenigstens an die Menschen und Christen von heute, die erschreckenden Personalunionen von Papst und Kurie, von geistlichem Diener und weltlichem Souverän, die ja für so viele Verdunkelungen und Mißdeutungen der christlichen Botschaft verantwortlich gemacht werden müssen und das Petrusamt wie seine Träger in Mißkredit gebracht haben, von der Schrift her neu zu durchdenken. Daß eine solche Neubesinnung aber nicht losgelöst von der im folgenden Abschnitt zu behandelnden Frage nach der Stellung der Kirche in der Welt überhaupt zu unternehmen ist, dürfte sogar demjenigen, der sich von der „kenotischen" Tradition einer sich in der Nachfolge des Jesus von Nazaret selbst entäußernden Kirche nicht direkt angerührt fühlen kann, nicht verborgen bleiben.

3. Körperlose Körperschaften
oder: Was unterscheidet denn nun eine Kirche von einer Gewerkschaft?

Zu Beginn unserer Untersuchung hatten wir bereits darauf hingewiesen, daß das sogenannte „Verhältnis" von Staat und Kirche heutzutage grundsätzlich eine versteckt morbid-amoralische Grundsituation widerzuspiegeln scheine: eine Mittellage nämlich zwischen einer merkwürdigen Überabsicherung und einer überraschenden Leere, einer Überreiztheit auch wie einer fast völligen Blindheit und Abgestumpftheit, und das wohl auf beiden Seiten. Es war auch festzustellen, daß die Ursache für diese Krankheiten am ehesten noch in einem Defizit an Theorie zu suchen sei. Diese Ansicht wird, in Übereinstimmung mit dem bereits vorausgegangenen Hinweis auf die spezifische Theorieüberfrachtung nach Art der altkirchlichen Theologie und ihrer Alltagspraktiken, durch die folgenden Überlegungen zu erhärten gesucht, welche unter anderem aufweisen könnten, daß noch immer recht viele die reale Lage richtig einzuschätzen nicht in der Lage sind, auch wenn neuerdings wieder ernsthaftere Versuche unternommen werden, ebendieses „Verhältnis" aus seinen überkommenen Implikationen und Absicherungsmechanismen zu befreien und es humanchristlich realistischer und damit doch wohl auch moralischer anzugehen.

Kaum jemand wird nun verkennen dürfen, daß dabei (will man sich nicht dem Vorwurf aussetzen, man ordne die Welt schon wieder im Stil bisheriger Schulweisheiten und nicht über dem Niveau des Amtskatholizismus, also von einer gesicherten Warte aus, ohne je das Wagnis eingegangen zu sein, sich mit der Welt auseinanderzusetzen) an zentraler Stelle nicht nur nach dem gefragt werden müsse, was diese gewandelte Welt ausmache, sondern auch nach all dem, was als spezifisch „christlich" zu charakterisieren sei; was also den „Christenmenschen" als solchen ausmache, was die Kirche Christi kennzeichne, wie man sich deren gesellschaftliche Ausprägungen, ihre juristischen Konkretionen auch, falls es solche überhaupt gebe, eigentlich vorzustellen habe, und daß dies, wohlbemerkt, eben nur in der demütigen Haltung des selbst Betroffenen, der im gleichen Boot dieser Welt sitzt wie seine Mitmenschen, gefragt werden dürfe. All diese Fragen lassen sich ja nicht, das sei vorausgeschickt, ein für allemal gültig beantworten, obgleich man der evangelischen Botschaft manche entsprechende Anregung, wenn auch keine allzu detaillierte, entnehmen kann. Davon abgesehen ist nicht zuletzt aufgrund der bekannten Kopflastigkeit der Altkirche noch nicht einmal ein innerkirchlicher Meinungsbildungsprozeß auf wirklich breiter, in allen Stadien die Basis miteinbeziehender Front in Gang gekommen, so daß wieder einmal nur von dem einen Faktum ausgegangen werden kann, daß man auf katholischer Seite noch soviel von dem nachzuholen habe, was andere, auch ohne den entsprechenden Anspruch ihrer Lehrer, schon lange gelernt hätten. Anderseits läßt eine solche Einsicht es einem leichter fallen, sich in den verlangten Lernprozeß als ein Mitlernender einzugliedern, so daß es sich um nicht mehr als um einen Vorschlag zum Lernen handeln kann, wenn im folgenden ein „Vorentwurf zu einer Theorie kirchlichen Handelns" mit all seinen gesellschaftlichen Ausformungen und juristischen Konsequenzen vorgelegt wird.

Es sei nun aber erlaubt, gleich zu Beginn einer solchen Überlegung einige der Grundvoraussetzungen anzuführen, unter denen überhaupt gearbeitet werden kann. So gehen wir etwa davon aus, daß der Glaube als solcher, und sei er hundertfach in Traditionen verstrickt, das Recht und dessen Ausformungen bedingt – und nicht etwa umgekehrt, wie es selbst noch das Arbeitspapier der Gemeinsamen Synode der Bistümer der Bundesrepublik Deutschland zum „gegenwärtigen Verhältnis von Kirche, Staat und Politik" zu insinuieren scheint, welches ja der Gefahr aller Apologien nicht entgangen ist, die herrschenden Zustände, die hierzulande so und nicht anders vorgefundenen Rechtsformen nur theologisch „moderner" abzudecken. Dieser Bedingung einer strikten Vororientierung an der Glaubensaussage oder, besser noch, an ihren verschiedenen Zeugnisformen, zum Trotz (oder auch gerade ihretwegen!) wird man sich jedoch auch nie von dem Fundamentalprinzip der „Notordnung" lösen dürfen, wie wir es bereits darzustellen gesucht haben. Vielmehr wird man sich, ganz im Bewußtsein all dieser unübersteigbaren Horizonte, des unabdingbaren Öffentlichkeitscharakters und -anspruchs des Evangeliums als einer Basis jeglicher kirchenpolitischer Moral erinnern und von hier aus beginnen, die christlichen Alternativen, wie sie sich uns Heutigen eben darbieten, in ihrer Weite wie in ihrer Beschränktheit zu diskutieren. Erst so, nach Rücknahme also aller unevangelischen Machtansprüche, und seien diese dereinst in der sogenannten „gesunden Lehre" begründet gewesen, mag es anfanghaft gelingen, wieder in verschiedenen, von einander abhebbaren Modellen zu leben, ohne undistanziert auf ein einziges von ihnen festgelegt zu werden, sowie neue Optionen, Prioritäten und Lernziele zu erkennen, ja in (Lern-) Prozessen zu denken und so aus dem ein für allemal entschieden geglaubten Regelspiel der Mächtigen auszusteigen.

Gleichwohl wird man die vielfältig verwickelten Komplikationen nicht geringschätzen, mit denen ständig konfrontiert zu sein und leben zu sollen die Mitgestalter eines solchen Prozesses sich in all seinen Phasen anzugewöhnen hatten. So übersieht man kaum das Desinteresse des Durchschnittlichen an Themen, die den ihm greifbaren Nahhorizont übersteigen und ihm schon deshalb zu suggerieren scheinen, er könne „da oben" ja doch nichts Entscheidendes ändern, zumal „Moral" sich lediglich im Privaten ereigne und Politik eben doch den Charakter verderbe. Man unterschätzt auch nicht seine Sicht der „Religion" als eines traditionsbewußten, nicht aber auch schon traditionsstiftenden Absicherungssystems, das seinerseits wieder gut genug abgesichert sein müsse und schon deswegen nicht in Frage gestellt werden dürfe, obschon die geschlossene Weltanschauung und -deutung nicht selten allein dazu hatte herhalten müssen, die Hinfälligkeiten und „Notordnungen" im Leben und Sterben des einzelnen zu übertünchen.

Niemand von denen, die sich um politische Moral zu bemühen glauben, dürfte auch übersehen, wie viele Menschen, die sogenannten „Intellektuellen" zumal, den unaufhaltsam erscheinenden Verfall der geschlossenen Systeme dazu benutzen, um ohne Verständnis oder Lernbereitschaft für „Notordnungen" prinzipiell in den Protest zu flüchten, und sei es nur aus Überdruß an den neu gewonnenen Freiheiten, hinter denen sich schon wieder neue Zwänge aufzutun scheinen; oder wie viele neue Unmittelbarkeiten in einer die Technologen geradezu verblüffenden „Wende zur Naivität" (W. Schulz) als Lebensmöglichkeiten auch religiöser Art angepriesen werden, und dies erklärtermaßen, ja beinahe schon per definitionem unter Verzicht auf jedes wissenschaftlich zu systematisierende Problembewußtsein. Nicht allzu fern liegt zudem das Problem einer ständig zunehmenden Verdrängung moralischer Kategorien und Inhalte, sei diese nun mitverursacht durch das Zuviel des früheren Lehramtes in einem Bereich, in welchem das Gouvernantentum sich erst so recht zu entfalten wußte, oder sei sie mitverschuldet von der augenblicklichen Normenkonkurrenz oder -leere einer Zeit wie der unsrigen, da weder Staat noch Kirche als ungefährdet intakte Großgruppen erscheinen können.

Solche Großgruppen zu analysieren muß ja ohnehin schwer genug fallen, wenn nicht ganz unmöglich erscheinen, zumal sie sich einem umfassenden Zugriff schon deswegen mehr und mehr entziehen, weil sie in weitere und differenziertere Dimensionen als man sie sich noch vor kurzem vorzustellen getraute, hineinwachsen und weil fürs erste wenigstens kein Instrumentarium dieser gegenwärtigen Welt mehr sie abzumessen in der Lage zu sein scheint. Die veränderten Vorgegebenheiten dieses technologischen Zeitalters bringen ja eine Fülle von neuen Komplikationen mit sich; es sei nur an den kaum aufgearbeiteten, sondern eher erduldeten Übergang von der Nationalstaatlichkeit zur universalen Weltpolitik erinnert oder an das Heranwachsen von weltwirtschaftlichen Superstrukturen und deren Interessenverbände, und das nicht selten inmitten mittelalterlich verfaßter Obrigkeitsstaaten. Solchen und ähnlichen Schwierigkeiten aber kann man mit

den alten Denkkategorien und Tatmechanismen wie etwa dem Freund-
Feind-Schema und seiner völkerrechtlich sanktionierten Festschreibung
in Form von Verträgen und Konkordaten einfach nicht mehr beizukommen suchen. Trotz dieser sich abgesichert wähnenden Unfest-
gelegtheiten wird man gleichwohl kaum zögern, die Reste eines allgemeinen Verantwortungsbewußtseins und das Wissen um die allein
menschengemäße Geschichtssubjektivität zu intensivieren. Das wird
sich schon deshalb nahelegen, um im Gespräch mit den vielen wenigstens eine Ethik der krisengeschüttelten und undurchschaubaren Über-
gangszeit zu entwerfen, einen Fundamentalkonsens in Moral anzu-
streben und die daraus sich ergebenden Rahmenordnungen mit abzu-
stecken. So könnte es gelingen, im Gegensatz zu der bisherigen Gesellschaft, die „falsch programmiert" (K. Steinbuch) war, weil sie gar
nicht geplant war, sondern sich den wie immer gewachsenen Traditionen überlassen hatte, eine künftig „richtiger programmierte" Gesellschaft mitzugestalten, welche das Planen, und sei es unter dem
christlich motivierten „eschatologischen Vorbehalt", gelernt hat, um
in alternativen Entscheidungsmöglichkeiten denken und handeln, d. h.
sich innerhalb verschiedener pragmatisch planbarer Inhalte entscheiden
zu können.

Ein nennenswerter Beitrag zu dieser planend-geplanten Gesellschaft
von seiten der sich auch künftig noch, wenn auch gewiß in viel ge-
ringerer Zahl als heute, der Botschaft Christi verpflichtet fühlenden
Menschen, gleichgültig aus welcher der bisherigen „Konfessionen" sie
nun kommen mögen, und ihrer kommenden „kirchlichen" Gemeinschaft, über deren Struktur und Aussehen gegenwärtig ja erst ganz
unverbindliche Mutmaßungen vorgelegt werden können, wird sich
bereits dann abzuzeichnen beginnen, wenn einige Möglichkeiten wie
Unmöglichkeiten christlichen Seins in der Welt von morgen diskutiert
werden. In der gebotenen Kürze sei daher auf einige dieser Alternativen, von denen allerdings etliche gar keine sein können, aufmerksam gemacht. Beginnen wir mit den Unmöglichkeiten, so häufig
diese auch genannt und gelebt werden mögen, so ist etwa zu nennen
das in sektiererischer Arroganz gepflegte Elitebewußtsein der „kleinen
Herde", der auserwählt Verfolgten, die meinen, mit Hilfe biblischer
Beutestücke und treuen Festhaltens an willkürlich ausgesuchten Traditionen die an die Öffentlichkeit gerichtete Botschaft des Evangeliums für alle an die Kette einer abgekapselt gehüteten „Wahrheit"
und eines in inquisitorischer Weise verwertbaren Gesetzesbuchstabens

legen zu dürfen, und die sich dieser ihrer so subtil zusammengesuchten Perversion auch noch rühmen. Solche Menschen werden, schmerzlich genug, künftig noch ausgeprägter als heute – und wohl mit noch größerem Zulauf, wenigstens auf absehbare Zeit hin – ein parasitäres Randdasein in der Gesellschaft führen können und wollen; in einer Gesellschaft zumal, die sie schon allein deswegen ablehnen zu müssen glauben, weil diese ihre mittelalterliche, nicht aber auch schon genuin christliche Deckungsgleichheit von Kirche und Welt abgelegt hat und sie nie mehr aufnehmen wird, auch wenn man allenthalben noch auf juristische Restbestände dieser scheinbaren Homogenität stoßen kann. Das Christentum ist somit zu einer Sache des Gewissens, seine Moral zu einer Angelegenheit allenfalls noch der Schlafzimmer geworden: Von einem Auftrag des Evangeliums, der sich über das gewohnte Beleidigtsein hinaus auf das Feld wirklicher politischer Effizienz, und sei dies ein steiniger Acker, traut, kann überall da keine Rede mehr sein, wo schmollende Defensive und Wahrung des Sakristeibesitzes an seine Stelle getreten sind.

Vielleicht kranken diese wie auch andere Auffassungen und Lebenshaltungen an der im eigentlichen unhaltbaren Vorstellung, Kirche und Staat, Kirche und Gesellschaft, Kirche und Öffentlichkeit ließen sich nach Art der „zwei Reiche" von ehedem zweifelsfrei und nach Einflußsphären bleibend scharf geschieden voneinander abgrenzen. Dabei dürfte es eigentlich auf der Hand liegen (machte man sich in diesen Kreisen überhaupt einmal die Mühe, so etwas zu untersuchen), daß ein derartiges Modell sowohl den einzelnen und seine politische Betätigung von derjenigen der Gemeinschaft trennen als auch insinuieren muß, nur antiquierte Gesellschaftsmodelle seien christlich vertretbar; mithin müsse man als „guter Christ", koste es was es wolle, am Status quo, auch in Form der bisherigen Konkordate, festhalten. Diese Vorstellungen sind nun aber, so paradox es aufs erste klingen mag, Mitursache für verschiedene einander widerstrebende Entwicklungen in der gegenwärtigen Kirche, von denen hier nur die zunehmende Polarisierung und die Gefahr einer „Neutralität" kirchlichen Tuns und Sagens genannt seien. Im Anschluß an K. Rahners unnachahmliche Definition wird man in diesem Zusammenhang unter „Polarisierung" nun nicht die (legitime) Ausbildung von theologischen Pluralismen kirchlicher Theorie und Praxis verstehen, wie sie künftig in ungleich stärkerem Maße als noch heute auftreten werden, um in einem der säkularen Gesellschaft ausgesetzten und, sieht man einmal von der realen Möglichkeit eines reformierten Lehramtes ab, freien Kräftespiel für ihre Anschauungen zu werben. Man wird darunter eine Entwicklung verstehen, welche nicht nur Meinungsverschiedenheiten (in der Theologie, in der Praxis der Kirche, im Verhältnis zu Staat und Gesellschaft) fördert, sondern die Träger solcher Meinungen sich derart in Gruppen zusammenballen läßt, daß „sie nicht mehr echt miteinander zusammen leben, zusammen beten und zusammen arbeiten, daß sie den einzelnen vor das Dilemma stellen, entweder zu einer bestimmten Gruppe zu gehören oder von ihr als Feind oder mindestens als grundsätzlich verdächtig betrachtet zu werden, daß sie den einzelnen zwingen, in allen und jeden Fragen sich zu einer bestimmten Gruppe zu bekennen, daß immer nur jene von den Anhängern einer bestimmten Gruppe gefördert werden, die sich mit Haut und Haar dieser Gruppe verschrieben haben, daß man immer nur und zuerst fragt, ob etwas gruppenkonform sei und dem Prestige dieser Gruppe nicht schade". An Beispielen für diese Art von Polarisierungen fehlt es leider so lange nicht, wie man bestrebt erscheint, schon auf die Kleingruppen Ehe und Familie einzuwirken (Reichskonkordat!) und deren Glieder unter eine bestimmte Kontrolle zu bringen, um die Rekrutierung der Gruppenmitglieder und deren gruppenkonform „richtige" Plazierung in der Gesellschaft zu gewährleisten; und auch so lange nicht, wie man im Stil der Überlebenstheologien nach 1945, welche, wie bereits erwähnt, allzu bereit waren, die Geretteten als Retter auszugeben, versucht, Interessen der Großgruppe Kirche mit Hilfe des Proporzes (Medienpolitik!) abzusichern, ja schlichtweg zu Interessen der Gesellschaft selbst zu erklären. Aus der Ecke einer ähnlichen Vorstellungswelt kommen, so fremdartig es für viele klingen mag, auch die in sich unrealistischen wie amoralischen Versuche, immer wieder zu behaupten oder behaupten zu lassen, ebendiese Kirche sei im eigentlichen „neutral", was sie nun, unter völliger Verleugnung der Tatsache, daß jede Kirche, ob sie es will oder nicht, eine gesellschaftlich bedeutsame Größe darstellt, immer wieder dadurch zu beweisen habe, daß sie zu bestimmten „politischen" Problemen einfach schweige.

Kann man nun derlei Interpretationen des Phänomens „Kirche in der Welt" mit nur einigem guten Willen relativ leicht als theologisch unseriös erkennen, so müssen andere Versuche des Fragens nach dem „spezifisch Christlichen" von heute ernster genommen werden. Dies mag etwa für den neuerdings immer häufiger und auch fordernder un-

terbreiteten Vorschlag gelten, der Kirche als einer von ihrem Wesen
her dienenden Institution den Gesamtbereich der sozialen Diakonie,
die Sorge um all die „Unterprivilegierten" der Gesellschaft also,
um die sich der Staat nicht in jedem Fall kümmern kann, als ihr
spezifisches Aufgabengebiet zuzuweisen. In der Tat wird niemand im
Ernst daran zweifeln können, daß „Nächstenliebe" einen wesentlichen
Inhalt der christlichen Botschaft ausmacht. Man kann heute sogar
schon der Ansicht sein und sie begründet vortragen, daß diese „Caritas" vielleicht zum Schlüsselbegriff des künftigen kirchlichen Handelns schlechthin werden könnte, von dem aus, wird er in seiner
Radikalität nach Tiefe und Breite adäquat ausgelegt und getan, der
Zugang zu den Mysterien der christlichen Gesamtbotschaft überhaupt
erleichtert würde. Und doch übersehen nicht wenige Vertreter dieser
aufs erste so verlockend erscheinenden Zielvorstellung die Gefahren,
die ein solches Modell für Kirche und Gesellschaft mit sich brächte;
denn es ist, gerade wenn es in Exklusivität angewandt werden soll,
einfach zu kurzschlüssig, und das nicht zuletzt auch deswegen, weil
ein bloß „caritatives" Handeln das Christentum allzu leicht auf
eine recht dünnblütige Humanität reduzieren würde, so daß es früher oder später für die gesellschaftliche Stellung einer Gruppe ausschlaggebend wäre, wer die moderneren Krankenhäuser und Kran-
kenwagen anzubieten hätte, die Kirche oder das Rote Kreuz. Zudem
wäre für die Kirche dauernd die latente Versuchung gegeben, so etwas
wie ein gesellschaftliches Monopol auf die „Caritas", und das noch
mit Hilfe von Zuschüssen, aufzubauen, was keinem so recht passen
kann: weder demjenigen, der die Mißbräuche des Monopols bereits
jetzt kommen sieht („Wir werden unsere Krankenhäuser schließen,
wenn ihr das und das nicht in unserem Sinne tut ..."), noch demjenigen, der befürchten muß, ein solches Handeln führe mit der Zeit
zu einem rein privatistischen Dienstanspruch. Die christliche Liebe
müßte künftig doch schon deswegen die Form einer „Liebe durch
Strukturen" (M. Kohnstamm) annehmen, weil den auch kollektiven
Nöten dieser Welt und ihrer Menschen eben nicht mehr durch eine
individuelle Hilfsbereitschaft beizukommen sein wird, sondern nur
noch auf dem Weg über die Veränderung all der Systeme in Kirche,
Staat und Gesellschaft, die für Unrecht und Leid verantwortlich zu
machen sind.
Wesentliches zur Erkenntnis und Linderung gerade dieser „systematischen" Nöte unserer Zeit trägt nun das Modell einer „politischen

Theologie" bei; eröffnet es doch in bewußter Abhebung von den Privatisierungstendenzen jeglicher theologischer Provenienz einen Blick auf die gesamtgesellschaftlichen Vorgänge der Säkularisierung und die Rolle der Kirche als einer für die diesem Verweltlichungsprozeß ausgesetzten Menschen und Gesellschaften kritisch mitverantwortlichen Institution. Ohne nun im einzelnen auf die verschiedenen (Miß-) Deutungsversuche eingehen zu können, denen die „politische Theologie" noch immer ausgesetzt ist (im übrigen ein Zeichen dafür, wie „richtig" sie liegt!), sei doch festgehalten, daß sie nicht wenige der für die Zukunft der christlichen Kirche in der Welt mitentscheidenden, wenn auch seit langem verdunkelten Kriterien des Evangeliums wieder aufhellen könnte. Dieser Sachverhalt läßt sich für unseren Zusammenhang vielleicht am ehesten dadurch einsichtig machen, daß man auf dem Weg der Verneinung vorgeht und zu fragen beginnt, ob man denn nicht etwa die Umwelt des Reichskonkordats mit dem Hinweis auf den Köder, welchen ein Franz von Papen damals noch mit seinem Vorschlag eines „Christenstaates" Deutschland (wie Österreich!) auslegen dufte, trefflich genug als Milieu einer nach rückwärts angepaßten „politischen Privilegientheologie" umschreiben könne, über dessen Evangeliengemäßheit man nur einer einzigen Meinung sein kann, während die neuere politische Theologie gerade das Gegenteil anstrebe, nämlich eine kritische Freiheit der Kirche, welche allerdings, um biblisch meßbar zu sein, nur unter striktem Verzicht auf derlei Vergünstigungen und Ansprüche zu erreichen sei. Im übrigen ließe sich fragen – wir kehren wieder einmal zur gewohnten Böswilligkeit zurück –, ob nicht ebendieses Modell einer frei gesellschaftskritischen Kirche besser als das der vertragsgesicherten Privilegienkirche dazu beitragen könne, die als selbstverständlich hingenommene und deswegen gar noch sittlich legitimierte Macht und Allgemeinheit der Institutionen, auch der innerkirchlich abgestützten, zu durchschauen und all den Ideologien zur bloßen Rechtfertigung des Traditionell-Faktischen, den wirklichen „Sünden" der Gesellschaft also, wie sie von kirchlichen Amtsträgern, bewußt oder unbewußt, gedeckt werden, den erbarmungslosen Kampf anzusagen und einen Aufstand gegen diese „öffentliche" Moral ganz besonderer Art zu wagen. Man könnte sich sogar fragen, ob nicht gerade die „politische Theologie" schon von der Art ihrer Begründung her den wirklich einzigen ernsthaften Versuch darstellt, inmitten all dieses trostlosen Einerlei der hierzulande anzutreffenden Amtskirchentheologie und ihrer harmlos beschränkten Evolutionsbestrebungen (nicht zuletzt mit Hilfe von Finanzen!) die unverkennbar globale Situation der Revolution in dieser Welt aufzuarbeiten, ja mitauszugestalten, und dies zumal in Erinnerung an das sich im Leiden der Menschen fortsetzende Leiden dessen, von dem die „Christen" ihren Namen herleiten, an ein Leiden, welches jeden betroffen machen sollte.

Ebendieses Betroffensein all derer, die mit Jesus von Nazaret in Berührung gekommen sind, und sei dies mit Absicht auch völlig an den Kirchen vorbei geschehen, könnte nun aber – unter der Voraussetzung allerdings, daß ein nicht nur theoretisch zu bestimmendes Verhältnis zwischen Christologie und Ekklesiologie besteht und aufgewiesen werden kann – zur Vertiefung der nie ganz aus dem Gesichtskreis der Menschheit geschwundenen Überlegung anregen, die davon ausgeht, daß man schon heute, in Zukunft aber ganz bestimmt vom Leiden als einer Grundbefindlichkeit der Kirche sprechen müsse, und zwar nicht nur zeitlich oder örtlich begrenzt, gleichsam auf besondere Zeiten der Verfolgung oder auf bestimmte Territorien und deren Machthaber beschränkt, sondern grundsätzlich; auch nicht nur auf persönliches Leiden bezogen, so schrecklich dieses sein mochte (wer nur bezieht solches Leid der Jahrhunderte in das Jetzt und Morgen ein?) und mag, sondern öffentlich-institutionell, so ungewohnt das klingen wird. In Verfolgung dieses Gedankens und gerade auf dem Hintergrund der Erkenntnis, daß die gegenwärtige wie die zukünftige Situation der Kirche eben keine monokausale Erklärung mehr finden lassen kann, zumal allerhand heterogene und ungleichzeitige Motivationen, Denkmodelle, Rechtsfiguren u. ä. in deren Erscheinungsbild eingegangen sind (und von nicht wenigen als Ganzes, als ein homogener Status quo gar verteidigt werden!), wollen wir sogar so weit gehen, von einem *„kenotischen Syndrom"* zu sprechen, von einem dynamisch zu verstehenden „Gesamt an Entäußerung", wie es der Kirche Christi, und vielleicht nur ihr, zukommt.

In die Darstellung dieser Befindlichkeit, unverzichtbares Kriterium der „wahren" Kirche (man erlasse uns die diesbezüglichen Einzelbelege aus der Schrift), gehen nun, aufgrund ständig wechselnder Einflüsse allerdings immer verschieden akzentuiert, all die für die Kirche gewonnenen Erkenntnisse und Haltungen ein, von denen nur einige hier ausdrücklich erwähnt werden können: die Einsicht etwa, daß allein derjenige den geforderten „Dienst an der Versöhnung" (2 Kor

5, 18) leisten kann, der seinerseits Schuldig-Versöhnter zu sein wagt oder der zum mindesten erfahren hat, wie es ist, wenn man sich an ihm versündigt; die Erkenntnis auch, daß nur diejenige Kirche Feindschaften löschen helfen kann, welche konsequent genug damit begonnen hat, ihre eigenen, intern schwelenden, verheimlichten, skandalösoffenen Querelen als leidvoll-heilsame Schuld zu sehen. Mit zum Leidenssyndrom gehört auch die Erinnerung daran, daß die Kirche der Zukunft notwendig Diaspora-Kirche sein wird: eine Kirche zumal, der es aufgenötigt werden wird, sich mit all ihren Denominationen abzufinden, falls sie es nicht doch noch schaffen sollte, ökumenischer als heute zu fühlen, und sei es auf indirektem Wege. Die Kirche des Leidens und der demütigen Entäußerungen wird nämlich auch da anzutreffen sein, wo eine Zusammenarbeit mit all denen, die man zu Zeiten der Glorie, schrecklich und schimpflich genug, als „Nichtchristen" oder „Häretiker" disqualifiziert hatte, nur um sie so um so gründlicher verfolgen lassen zu können, unabdingbare Bedingung der gesellschaftlichen Existenz unter Humanen sein wird; wo man überdies eingesehen hat, daß sich Brüderlichkeit nicht um sich, sondern um all die vielen sorgen sollte, welche ohne die Privilegien auskommen müssen, die man für sich und seinesgleichen ausgehandelt hat. Die künftige Kirche wird auch, utopisch genug, damit beginnen müssen, ihre weltlichen Absicherungen als Flucht vor dem Leid und vor dem Gott, der seinen Schutz den Leidenden – und nur ihnen – zugesagt hat, zu interpretieren sowie die mit der Wahrung von Besitzstand so eng verknüpften Wohlstandsideologien, und seien sie von „christlichen" Parteien noch bis in unsere Tage hinein favorisiert worden, als halbchristlich einzustufen.

Eine solche Kirche wird mehr und mehr auch Abstand gewinnen von allem Proporz-Denken, das zwar juristisch annehmbar, theologisch jedoch recht fragwürdig bleiben muß. Sie wird daher nicht mehr so unbedingt neidvoll auf jene Gruppen in der Gesellschaft blicken, deren Lobby-tum erfolgreicher als das eigene war, ja, sie wird in zunehmendem Maße erkennen, in welch erschreckenden Rennen um die ersten Plätze sie in früheren Zeiten Siegerin geworden ist, es werden konnte, ohne sich sonderlich anstrengen zu müssen. Vielleicht wird sie auch einsehen, daß sie sich aus Menschen zusammensetzt, die ein Leben und Sterben lang leiden, und daß sie ihre Amtsträger nie mehr tragen lassen kann von sozialer Macht und gesellschaftlichem Prestige, nicht einmal mehr von byzantinischer Kleidung, sondern allein von der freien Solidarität unter den Leidenden. Ebenso wird sie erfahren müssen, daß es ihr Spezifikum sein könnte, mit der permanenten Differenz zwischen den eigenen Handlungen und dem Anspruch, unter dem diese zu stehen haben, zu leben und obendrein noch in aller Öffentlichkeit daran gemessen zu werden, ob sie es nicht vorgezogen habe, diese leidvolle Differenz durch einen Verzicht auf den Anspruch oder durch seine gefälligere Interpretation aufzuheben. Ja, sie wird erleben, nach Art einer ganz neuen „Lebensqualität", daß Kirche vor allem auch da ist, wo Angst herrscht, jedoch nie da, wo diese herrschen muß. Sie wird des weiteren erfahren, was es bedeutet, im Netz der Leistungsgesellschaft gefangen zu sein und ständig an nicht erbrachten Leistungen gemessen zu werden: sie wird künftig noch mehr als heute Angst vor ihren eigenen Ansprüchen bekommen. Und schließlich wird sie daran erinnert werden, daß ihr einst gesagt wurde (sie könnte es täglich nachlesen!), sie könne in dieser Weltzeit nie mit einem totalen Sieg, sondern nur mit dessen Gegenteil rechnen, damit nämlich, immer angefochtener zu sein, ohne sich dessen rühmen zu können, ja endlich in eine derartige Entäußerung getrieben zu werden, daß alle meinen könnten, es gebe sie, wenigstens als Institution, nicht mehr.

Wir können an dieser Stelle nur hoffen, daß die Kirche die Vision dieser ihrer Kenosis, dieser ihrer charakteristischen Selbstaufgabe, dieses nur vorbehaltlosen, menschlich unverständlichen und mit etwas Ähnlichem kaum vergleichbaren Leidens, dieser ihrer Entäußerung bis hin zur Körperlosigkeit ganz demütig zu ertragen verstehe, ohne daraus schon wieder ihre Ansprüche ableiten zu wollen, ein Monopol gar auf den Besitz der allein richtigen und seligmachenden Kriterien, auf Überordnung über die anderen Gruppen der Gesellschaft. Geschähe dies, und es spricht nicht wenig dafür, so wäre das spezifisch „Christliche", das Unverwechselbare, vor Gott und den Menschen aufs infamste pervertiert: das Skandalon säße auf dem Thron und ließe sich als Fratze feiern, das Kreuz wäre plötzlich aus Gold.

Wer nun aber, vielleicht von unbewußten Vorstellungen dieser Art getragen, unseren Vorschlag, eine spezifisch „kenotische" Handlungstheorie mit zum Grundprinzip kirchlicher Zukunftsgestaltung zu machen (ohne andere Vorschläge damit abwerten zu wollen), als „spiritualistisch" abtun möchte, der sei darauf hingewiesen, daß weder Leid noch Kreuz körperlos sind, sondern komprimierteste Körperhaftigkeit voraussetzen. Zudem könnte ja die Leidenserinnerung

der Christen, welche allein auf der – im Namen des „Rechts" vor-
genommenen, wohlbemerkt – absoluten Entäußerung Christi selbst
basieren kann, auch ganz konkrete und geradezu „körperlich" faßbare Konsequenzen haben, so etwa den strikten Verzicht sogar auf
die neuerdings (wohl zur Erhaltung bestimmter Privilegien des Status
quo) geforderte „gruppenspezifische Förderung" der Kirche und ihrer
Institutionen; so etwa das ehrliche Bemühen, Grenzüberschreitungen
zu vermeiden, schon um die vom Konzil geforderte „Lauterkeit des
Zeugnisses" auch in der Bundesrepublik wiederherzustellen (Einzelheiten werden in den folgenden Abschnitten genannt); so etwa die
Erbringung von Vorleistungen in Sachen Demokratie, um unter den
heutigen Umständen überhaupt erst einmal mit einem gewissen Recht
als „Anwalt des Menschlichen" auftreten zu können, ohne sich lau-
fend Unmenschlichkeiten vorwerfen lassen zu müssen, selbst in ihrem
eigenen Gesetzbuch.

Selbst jene, welche einer strikt durchgeführten Entäußerungshaltung
der Christen mit dem Hinweis auf die notwendige „Grundsatzfestig-
keit" der Kirche in bezug auf die ihr anvertrauten unveräußerlichen
Wahrheiten zu begegnen suchen werden, können nicht übersehen, daß
die Selbstaufgabe ihrerseits eine unter diesen Wahrheiten darstellt,
und dazu noch keine geringe, wenn auch eine kaum geübte; daß
man, nimmt man das Vorbild des Jesus von Nazaret ernst genug, zwar
um des Prinzips willen, auch als Institution, in den Tod gehen kann,
aber sich doch wohl kaum dafür noch mit Rechtsvorteilen honorieren
lassen darf, und das wenigstens so lange, wie man unter Christen
noch legitimerweise davon ausgehen kann, daß sich der theologische
Topos von der „Königsherrschaft" nicht so sehr dazu eignet, im
Kampf wider eine Vergöttlichung des Staates als ein Feldzeichen
besonderer Ansprüche zu dienen, als vielmehr dazu, nicht vergessen
zu lassen, daß dieser eine, wenn überhaupt, nur vom Kreuz herab
herrschen wollte. Nur von hier aus aber kann der eigentliche „status
confessionis" der Kirche, das unbedingte Eintreten für die ihr auf-
erlegte unangenehme Botschaft, die sie sich selbst wohl kaum je aus-
gesucht hätte, begründet werden; nur von hier aus wird ihr tatsäch-
liches Vorgehen zu beurteilen sein. All die Erwartungshaltungen und
Ansprüche auf ein besonderes, in der transzendenten Anlage des
Menschen, was immer das auch sei, begründetes „Wächteramt", wie
man sie der Gesellschaft von heute nur allzu eifrig andienen möchte,
sind also in sich vom Kreuz her relativierbar und stehen dauernd

unter dem Gericht all derer, welche die Schrift auch zu lesen verstehen. Die Vorbildhaftigkeit der Kirche erwächst somit nicht aus dem Besitz, sondern aus dem Verlust, aus einer bislang noch kaum gepredigten oder geübten Existenzweise, welche Kraft aus der Ohnmacht, nicht aber aus der Macht zu beziehen versteht und ihre spezifisch „christlichen" Handlungsimpulse vom leidenden Gott her entfaltet, auf den hin sie transzendiert.

Versucht man nun, sich in einem zweiten Ansatz, ohne den grundsätzlichen Notordnungshorizont der Entäußerung aus dem Blick zu verlieren, dem konkreten Problem zu nähern, welche auch juristisch passablen Alternativen sich für eine Einordnung der solchermaßen gefaßten Kirche in die Gesellschaft von morgen anbieten könnten, so wird man zunächst festhalten müssen, daß keine schlüssig exklusiven Festlegungen im bisherigen Stil mehr, sondern allenfalls juristische Optionen und Präferenzen getroffen werden können. Man wird also ebensowenig von vornherein für das Prinzip der „Trennung" von Staat und Kirche oder für dasjenige des partnerschaftlichen Verhältnisses eintreten können wie im kenotischen Syndrom mit letzter Sicherheit etwa den Körperschafts- oder den Verbandscharakter der künftigen Kirche schlummern sehen. Obwohl diese Rechtsformen somit nichts anderes als Näherungswerte ausdrücken, die in ein bestimmtes, nicht jedoch exklusives Welt- und Kirchenbild passen können oder nicht, wird man dennoch dazu neigen, ein Vorgehen in Zukunft zum Argumentations- und Handlungsprinzip zu erheben, welches darin besteht, in Zweifelsfällen eher nachzugeben als auf seiner Rechtsmacht zu beharren, und daher auch das juristisch nicht so Mächtige freiwillig zu wählen.

Übernähme man diesen Grundsatz nun schon deswegen in die praktische Kirchenpolitik, weil einem die Frage zunehmend zu schaffen macht, welch erschreckende Geisteshaltung denn all den Äußerungen von kirchlicher Seite zugrunde liegen mögen, die eine demokratische Gleichstellung der Kirche mit anderen gesellschaftlichen Gruppen schon als „Entäußerung" zu interpretieren geneigt scheinen, so wäre ein wichtiger erster Schritt auf die wünschenswerte Entkrampfung des „Verhältnisses" und auf die Wiedergewinnung seiner Moralität hin bereits getan. Weitere Schritte müßten folgen, so etwa in Richtung auf die Erkenntnis hin, daß man es, christlich gesehen, eigentlich gar nicht nötig haben sollte, so lauthals darüber zu klagen, daß die mittelalterlich-neuzeitliche Problemlosigkeit im „Verhältnis", wie sie durch Gewährleistung des – auch finanziellen – Besitzstandes, durch Paritätsprinzip und Staatsleistungen wie durch Konkordate gekennzeichnet war, zunehmend abgelöst wird von einer Entfremdung zwischen Kirche und neutralem Nationalstaat, einer Entfremdung allerdings, die ihrerseits wiederum gar nicht so selten mit einer neuen Zuwendung der Kirche zur „Welt" und Öffentlichkeit als solcher verbunden zu sein scheint. Auch könnte man ernsthafter als bisher zu überlegen suchen, ob der juristische Status der „Religionsgemeinschaften" nach Art von „Körperschaften des öffentlichen Rechts", d. h. ausgestattet mit einer Garantie öffentlich-rechtlicher Gestaltungsmöglichkeiten („Dienstherrenfähigkeit", Disziplinargewalt, und wie diese schon ihrer Bezeichnung nach streng biblischen Qualitäten alle heißen mögen) und (Steuer-) Privilegien, ob also diese Rechtsform wirklich einer Christengemeinschaft derart adäquat und unverwechselbar auf den Leib geschnitten sei, wie es so gern behauptet wird, oder ob sich nicht allen Ernstes auch christlich zu legitimierende Präferenzen für andere Rechtsformen (ohne die es nun einmal nicht ganz abgehen kann) denken und praktizieren ließen. Vielleicht entdeckte man anhand einer Rückbesinnung auf die „Kenosis" in der Tat so verblüffende Tatsachen wie etwa diejenige, daß die Kirche einfach nicht mehr ruhigen Gewissens als öffentliche Hoheitsmacht mit privilegiertem Sonderstatus, sondern allenfalls als ein „Subsystem" in der Gesamtgesellschaft gesehen werden kann; ja, daß ihr Zeugnischarakter („Martyrium") um so offener zutage tritt, je ehrlicher auch juristisch gesehen sie nur einmal ihre Forderungen auf ihre gegenwärtig allein reale Basis zurückzustecken bereit ist, von einer wirklichen Entäußerung einmal gar nicht zu reden, und all das (und nicht mehr) nach einer entsprechenden Sachdiskussion auch rechtlich anzuerkennen sich bemüht, was sie hierzulande ohnehin wahrnimmt, nämlich ihre Funktionen als ein Verband unter vielen, wie sie sich etwa am deutlichsten in den Beratungskörperschaften (Medien!) zeigen.

Gelänge der Kirche wirklich eine solche Entdeckung (wir haben genügend Gründe, daran zu zweifeln), so wäre sie in aller Konsequenz wohl am besten als ein *„verantwortet verantwortlicher Verband"* zu charakterisieren, was ohne Tautologie besagt, daß sie (in der juristischen Form eines Verbandes) Verantwortung sowohl vor Gott als auch, verschieden qualifiziert und akzentuiert, vor den Menschen, vor der demokratischen Basis gar, zu tragen hätte und diese ihre

beiden Verpflichtungsformen nie ablegen könnte, ohne ihre Herkunft oder ihr Ziel zu verleugnen. Diese spezifische Charakterisierung käme sowohl denen entgegen, die inmitten der pluralistischen Gesellschaft noch immer etwas Besonderes für die Kirche suchen, als auch denen, die im Verbandscharakter mit seinem unverkennbar privatistischen Touch nicht ohne Grund die Gefahr der Ausbildung eines privatistischen Zirkels ohne Öffentlichkeitsauftrag liegen sehen. Wegen der erwähnten doppelseitigen Verantwortung, die auch kirchenrechtlich, so gut es eben geht, festgelegt sein sollte, müßten gerade diese Privatspielereien ebenso unmöglich sein wie der grundsätzliche Lobbyistengeschmack, wie er Verbänden nicht selten anhaftet, obgleich auch die Kirche Interessen zu vertreten haben wird, wenn es sich auch fragen läßt, welche, d. h. in welchem Auftrag und für welchen Personenkreis. Daß ebendiese Interessen nun aber stets vor dem Forum der öffentlichen Verantwortung stehenbleiben müssen (obwohl sich auch in dieser Forderung für nicht wenige ein Symbol der Entäußerung verbergen mag, so merkwürdig dies für Demokraten klingt!), wird allein deswegen einsichtig zu machen sein, weil sie sonst, unkontrollierbar wie sie wären, dazu benutzt werden könnten, die Kameraderien zwischen Staat und Kirche von einst zu erneuern, unter Ausschluß der Öffentlichkeit weitere Kompromisse mit den jeweils Mächtigen zu schließen („Konkordate"!) und diese obendrein noch als im „öffentlichen Interesse liegend" auszugeben.
Allein dieses Beispiel mag wieder einmal aufzeigen, daß auch nach einer grundsätzlichen Ortsbestimmung für die Kirche gerade in deren demokratischem Verständnis allerhand nachzuholen sein wird; daß der Lernprozeß der Einordnung in diese unsere Gesellschaft eben erst begonnen haben dürfte; daß immer noch viel zu viele in der Kirche der Meinung frönen dürfen, der Mangel an innerkirchlicher Demokratie dispensiere auch von den demokratischen Umgangsformen in der nichtkirchlichen Umwelt; daß Selbstverständlichkeiten wie Argumentation und Kommunikabilität Fremdkörper innerhalb der kirchlichen Anschauungen darstellen; daß man schließlich in so urdemokratischen Fragen wie Plebiszit (man denke nur an die bescheidenen Gehversuche in Sachen „Elternrecht und Konfessionsschule" oder „Synode und ihre Themen") oder Medienkontrolle (aufgrund von Wahl und Sachkompetenz anstatt von undurchsichtigen Entsendungsvorgängen) allenfalls ein bescheidenes Debüt zu geben in der Lage ist, „Wächteramt" hin oder her. Bevor wir uns noch weiteren kon-

kreten Folgerungen aus dieser Sicht der Kirche in der Gesellschaft der Bundesrepublik zuzuwenden haben, sei, schon um Mißverständnissen vorzubeugen, folgendes festgestellt: Wir sind uns stets der Tatsache bewußt, daß auch die „Verbands"-Form kaum etwas anderes als einen bescheidenen Ausdruck der Notordnung darstellen und das Gesamt der kirchlichen Wirklichkeit nicht in den Griff bekommen kann, daß wir jedoch, trotz aller Vorbehalte, diese Rechtsform, unter den gegebenen Umständen zumal, gerade deswegen so hochschätzen, weil sie eine der Ausdrucksweisen abgeben könnte, in denen sich wirkliche Entäußerung ereignet.

Nun lassen sich freilich, wie bereits mehrfach gesagt, auch von einem Denkmodell aus, welches dem Prinzip der „Kenosis" nahesteht, nicht gerade alle Probleme im „Verhältnis" von Staat und Kirche ein für allemal lösen (behauptete man dies, so wäre man ein weiteres Mal der Versuchung zur Totalabsorption erlegen). Doch wird der in Theorie und Praxis strikt, wenn auch verschieden akzentuierbar, angewandte Grundsatz der Entäußerung (und der damit ebenfalls ausgesagte Grundsatz, immer für die Alternative der Entäußerung zu optieren) dazu führen, daß die Bezeichnung „Verzichtpolitiker" durchaus einen Ehrennamen für einen Christenmenschen darstellen kann, sowie imstande sein, auch so manche Einzelfrage und deren verdunkelte Nuancierungen aufzuhellen. Wir denken etwa an die Frage nach der Religionsfreiheit, welche von einem Konzil aufgegriffen worden ist, das seinerseits nur die ehrliche Feststellung treffen konnte (was mutiger Leute genug bedurfte!), wo wir uns befinden, nicht aber auch schon in jedem Fall, wo wir sein sollten, und welche in ihren Konkretionen hierzulande und anderswo noch genügend Probleme aufzuwerfen scheint. So sollten sich Christen wohl überlegen, ob sie sich nicht auch hierin von einigem Besitz lösen müßten, von Besitz, den ihre Mitchristen in Ost und West schon längst aufgeben mußten, ohne deswegen schon zu Christen zweiter Klasse zu werden, ganz im Gegenteil.

Es wäre also ehrlich und offen genug an die Frage heranzugehen, ob denn der Vorwurf, in der Bundesrepublik gebe es sogar zwei Staatskirchen, und das eben mit all den unheilvollen Konsequenzen einer Konfessionalisierung des öffentlichen Lebens, einer deutlichen Benachteiligung der, auch religiösen, Minderheiten wie der Andersgesonnenen schlechthin von vornherein so kulturkämpferisch absurd sei; oder ob nicht gerade die Nichtchristen, und äußerten sich diese zunehmend aggressiv (warum eigentlich nicht?), mit so vielen traditionell „christlichen" Bastionen verglichen die eigentlich „Entäußerten" und Unterprivilegierten seien: Man denke nur an gewisse Auswüchse eines sogenannten „Subsidiaritätsprinzips" mit seinem Vorrang der freien Träger (wer hier wohl „frei" ist?), an das besondere Darstellungsrecht in den öffentlich-rechtlichen Rundfunk- und Fernsehanstalten, an all die steuerlichen Vorteile, ja an die Sonderleistungen bis in die Schulen und Gerichtssäle, ja sogar bis in die Verfassungen unseres Landes hinein.

Man könnte ganz bescheiden noch des weiteren fragen, ob die in diesem Zusammenhang so oft gehörte Behauptung, man könne sich in diesen Fragen auf die „im eigentlichen doch noch volkskirchlich-christliche Mehrheit" in unserem Volk berufen, nun denn so ganz zweifelsfrei einem christlichen Anspruch gerecht werden könne, für Minderheiten dazusein und für deren Belange noch mehr zu fechten als für die eigenen, oder ob sie nicht doch nun ganz plötzlich dem innerkirchlich sonst so entschieden verworfenen demokratischen Mehrheitsprinzip anhänge, ohne jedoch darauf zu achten, daß Grundrechte wie Gleichheit und Freiheit jedem Bürger, unabhängig von Mehrheiten oder Minderheiten, zukommen müssen. Beruft man sich aber noch weiter auf die „Mehrheit", so wird man kaum etwas dagegen haben dürfen, daß diese, gerade wenn sie „schweigend" ist (ein Lieblingswort aller wirklich aufgeklärten innerkirchlichen Demokraten), auch einmal nach ihrer Meinung gefragt wird, selbst auf die Gefahr hin, daß sie ganz anders reagiert, als manche Amtsträger von vornherein zu denken und zu interpretieren gewohnt sind, und daß sie so manche Einzelforderung der „Nichtchristen" schon längst als christlich legitim anzuerkennen bereit ist. Man könnte dies also unbesorgt auf einen demokratischen Versuch ankommen lassen, schon um zu erfahren, wie groß bereits die Kluft zwischen dem faktischen Denken und Wollen der Basis und demjenigen der „vorausinterpretierenden" Gouvernanten geworden ist. Nicht ausbleiben könnte bei einer Basisbefragung, falls diese wirklich umfassend genug angelegt und nicht von vornherein gelenkt ist, auch die Erkenntnis, daß die Kirche hierzulande dem einzelnen, streng biblisch natürlich, in seinen religiösen Bedürfnissen nach Art einer Behörde entgegentritt und als staatsähnliche Hoheitsmacht, aufs engste verknüpft mit ihrer Rechtsform als „Körperschaft", empfunden wird. Vielleicht fände sich dann doch noch ein Amtsträger, dem auffiele, daß an derlei Erwartungshaltungen irgend etwas, und sei es etwas verborgen „Christliches", nicht stimmen kann. Vielleicht käme er dann auch auf den Gedanken, die gängige Argumentation, all dies beruhe eben auf einer bestimmten Tradition, genauer auf ihre Perversion, nämlich auf die Fiktion einer Körperschaft ohne, ja gegen den Körper, hin zu untersuchen.

Doch kehren wir nach diesem Ausflug in das Reich der Phantasie wieder in die Wirklichkeit zurück und fragen uns stellvertretend für all diejenigen, welche das Fragen verlernt zu haben scheinen, ob denn nicht auch unser Staat, der wie jeder andere ohnehin nie ganz so frei sein kann, wie es seine Verfassung möchte, auch von kirchlicher Seite, also von einem Subsystem, noch in vielfältig subtiler Unfreiheit zuungunsten der „Nichtchristen" gehalten werde, und ob man dies nicht auch dann abzustellen habe, wenn man die Forderung nach einer „Trennung" als in einer reaktionären Weltanschauung (Religion als Privatsache) begründet erkannt habe. Wir könnten auch, um nur ein einziges aktuelles Beispiel unter den vielen möglichen zu nennen, fragen, ob man diesen eklatant unchristlichen Zustand nicht wenigstens ansatzweise damit zu beenden suchen sollte, daß man mit allen Mitteln der Entäußerung versucht, den schrecklichen Eindruck zu verwischen, welchen E. Fischer wiedergibt, wenn er schreibt, daß „die Berufung auf den Dekalog und andere alttestamentliche Vorschriften nur vorgeschoben wird, um längst überholte Gesetze und Gesetzesvorschläge unter dem Schutz der tabuierten Bibel vor berechtigter Kritik zu schützen"; dies gelte vor allem auf dem erregend ideologieverdächtigen und autoritätsfreundlichen Gebiet des Strafrechts und seiner Reform, während es doch niemandem einfalle, sich im Bereich des bürgerlichen Rechts, des Handels- und Atomrechts, um nur einige christlich „uninteressante" Teilgebiete zu erwähnen, auf derlei Normen zu berufen, um anstehende Reformen zu verhindern.

Doch genug nun all dieser Fragen. Es bleibt uns, im Angesicht so augenfälliger Blindheiten, allenfalls noch der Versuch, einige Spezialformen kirchenpolitischer Ethik in den folgenden Abschnitten unserer Untersuchung an den skizzierten Handlungsmaximen zu messen und uns anhand einiger intereressanter Fallstudien kirchlicher Alltagsrechte und -praktiken die Illusion noch weiter zerstören zu lassen (ohne deswegen allerdings in die Resignation flüchten zu müssen!), das „Verhältnis" zu einem von ihr selbst solchermaßen „besetzten" Staat sei von seiten der Altkirche jemals noch nach den Grundsätzen demokratisch-christlicher Moral auszurichten; von seiten einer Kirche zumal, die wirklich nichts Besseres zu tun zu haben scheint, als das Prinzip der „Entäußerung" allenfalls als einen ethischen Appell bar jeder konkreten Konsequenzen auf staatskirchenrechtlichem Gebiet anzuerkennen; statt daß sie dazu zu bewegen wäre, wenigstens anfanghaft einzusehen, daß sie mit diesem ihrem Verhalten nur Ansprüche anderer Gruppen an Staat und Gesellschaft provozieren kann, welche, würden sie durchgesetzt (und manches spricht dafür!), den Staat in noch schwächerer Verfassung als bisher erscheinen ließen, in so schwacher gar, daß ebendiese Kirche es sich nach bewährtem Vorbild gewiß nicht verkneifen könnte, von einem „Verfall der Demokratie" und von einer „Führungskrise" zu sprechen.

III. Spezialformen kirchenpolitischer Ethik

Die Beobachtung, daß das im vorigen aufgestellte Prinzip des grundsätzlichen Verzichts auf kirchlichen und weltlichen Besitz jeder Art auf seiten der in der Kirche Besitzenden ein weit geringeres Echo findet als bei all denen, die noch nicht einmal ebendieses (Klassen-) Privileg wahrnehmen können, Privilegien aufzugeben, da sie eben schon von vornherein keine solchen haben, dürfte ebenso allgemein wie müßig sein; zumal man sie durch die Feststellung zu ergänzen hätte, daß sich die Privilegierten, selbst wenn diese den Grundsatz des Opfers anzuerkennen sich bemühten, doch immer sträuben werden, dieser Anerkennung konkrete Schritte folgen zu lassen. Viel eher noch scheinen all diese geneigt zu sein, der wahrlich bitteren Konsequenz dieser Konkretionen durch die Flucht in wortreich ideologische Argumentationen für den (oder besser noch: für ihren!) Status quo zu entgehen oder ihr Heil allenfalls noch in gewollten Mißverständnissen zu suchen, wie etwa dem, „Besitz" sei rein finanziell, „Armut" als bloßer Geldmangel, „Opfer" lediglich als Hergabe finanziellen Überflusses zu verstehen.
Vielleicht lassen sich nun aber durch die Offenlegung von bestimmten Tatsachen und durch die Analyse von deren Hintergründen derlei Versuche doch wenigstens entlarven, wenn schon nicht völlig unterbinden. Wir wollen daher anhand einiger „Personengruppen" (Nuntius, Bischöfe, Klerus, Universität, Militär) exemplarisch aufzuweisen suchen, wie der „Besitz" in der Altkirche eigentlich verteilt ist, und anfragen, wer genau was besitzt und weshalb er es besitzt. Ja, wir gehen sogar so weit, böswillig genug, in aller Bescheidenheit um Aufschluß zu bitten, weswegen genaugenommen den Besitzenden weder ein „Verzicht" auf so vieles von dem, was in der Kirche aufs eifrigste

als „überzeitlich" ausgegeben zu werden pflegt, noch auf Privilegien einfach kirchlichen Rechts und simpler Tradition zugemutet werden kann.

Es könnte sich bei dieser Untersuchung, welche sich natürlich bemüht, in strikter Anlehnung an die „dogmatischen Vorgegebenheiten" einer altkirchlichen Schultheologie streng zwischen der Führungsschicht in der Kirche und der bloßen Herde zu unterscheiden, allerdings zum Schrecken nicht weniger herausstellen, daß „Verzicht" und „Entäußerung" als bewußt geleistete Hingabe eines relativ Guten zugunsten eines Besseren, fernab jeden Leistungszwanges nur im Gegenüber des absolut Guten frei getätigt, mehr darstellen als nur fromme Anmutungen, wie man sie seitens der in der Altkirche Besitzenden immer wieder der Gefolgschaft als asketische Lockerungsübung zumuten will. Sollte dies aber der Fall sein und käme man gar zu der Erkenntnis, im „Verzicht" sei geradezu ein Wesensmerkmal der christlichen Kirche zu erblicken, so wird man auch eher bereit sein zuzugestehen, daß all das gewohnte Festhalten an innerkirchlichen und innerweltlichen Absicherungsmodellen, so „begründet" diese auch sein mögen, alles Sich-Klammern an Privilegien, und sei es von Systems wegen, an entscheidender Stelle mit dazu beitragen muß, daß man das „Verhältnis" zwischen Staat und Kirche hierzulande nur noch als unmoralisch-unverantwortlich charakterisieren kann. Dies konnte allein schon deshalb zutreffen, weil ein solches Verhältnis fast jeden Zugang zur Erfahrung dieses Urgeheimnisses zwischen Gott und den Menschen erschweren muß, und zwar für alle, welche diesem unmenschlichen System verhaftet bleiben, für die Besitzenden zumal, denen die Leere fehlt, die Gott ausfüllen könnte, und die in ihrem Besitz den Nicht-Besitzenden mehr und mehr zum „systematischen" Ärgernis gereichen; zu einem Ärgernis jedoch, das wohl kaum jemand noch ernsthaft als das des Kreuzes bezeichnen wird, wenigstens nicht jenes Kreuzes, an dem einer hing, der auf alles, was ihm zugestanden hätte, verzichten wollte.

Um so schmerzlicher mutet es uns an, im Anschluß an gerade diese Überlegungen nun von den „Ansprüchen", von den Rechten und von den Sicherungsmechanismen all derer sprechen zu müssen, die sich im Laufe der Jahrhunderte ihre speziellen Konkretionen „seiner" Nachfolge aufs sorgfältigste haben abstützen und garantieren lassen; die zum Teil noch heute von der Ansicht auszugehen scheinen, gerade dies und nichts anderes komme den derart erwählten Dienern Gottes und der Menschen zu, so daß ein Staat, und nenne er sich „neutral", nichts Besseres zu tun habe, als ebendiese Ansprüche bis in Einzelheiten hinein auch noch mit Hilfe der ihm zur Verfügung stehenden Mittel sicherzustellen.

1. Anspruchsvolle Führer
oder: Kann Dienen überhaupt jemals angemessen honoriert werden?

Dem Amt in der Kirche hat es, wie bereits erwähnt, neuerdings wieder einmal gefallen, sich in Verfolgung ältester Traditionen als „Dienst" charakterisieren zu lassen. Trotz der Bedenken gegen so manche Einzelheit dieses Vorgehens (wir hatten darauf hinzuweisen) wird man die Idee als solche annehmbar finden, gleichzeitig jedoch kaum zu übersehen bereit sein, daß es – von neuem – mit den Konsequenzen zu hapern scheint, welche über ethische Floskeln hinaus auch juristisch faßbar zu ziehen offenbar recht schwer fällt, zumal sich unter den betroffenen Dienern nun wirklich nicht viel öffentliches Interesse daran zeigt, die Insignien und Privilegien früherer Herrschaft zu relativieren. Unter diesen Umständen muß man denn auch auf die Vermutung angewiesen bleiben, ein solcher „Dienst" könne und müsse nach wie vor angemessen honoriert werden, und das nicht zuletzt mit Hilfe staatlicher Garantien (Reichskonkordat!).

In diesem Zusammenhang, dessen Einzelausprägungen wir im folgenden an verschiedenen Beispielen erhellen wollen, wäre allenfalls die Frage von einigem Interesse, ob und wie sich denn ein solches Fehlverhalten, komprimiert in der zynisch-paradoxen Forderung nach noch mehr Ehren für die Dienenden, und das sinnigerweise unter der letztendlichen Berufung auf das Kreuz, unter dessen Zeichen diese etwas geworden zu sein glauben, überhaupt noch erklären lasse. Geht man aber ebendiesem Problem nach, so macht man wie so oft die Erfahrung, daß sich ein ganzes Bündel von Argumentationsformen, ein Syndrom von Krankheitssymptomen auch, finden läßt: der Hang etwa zu Byzantinismen, die Vorliebe für Absicherungen, die Furcht, ein strikter Verzicht bringe eine nicht wiedergutzumachende Statusminderung für die Kirche und ihre Amtsträger mit sich, die Angst, auch noch letzte Autoritätsreste zu verlieren, die Sorge, der eigene Anspruch werde ohne derlei stützende Äußerlichkeiten erdrückend schwer. All diese Beobachtungen lassen nun aber, einzeln aufgewiesen, keine endgültige Klärung unserer Frage zu, sondern stellen höchstens Einzelhinweise auf das Gesamtproblem dar. Gleichwohl ist es kaum müßig, ihnen nachzugehen und sie, schon als Form heilsam-bitterer Therapie, offenzulegen.

Man könnte dabei etwa die Erfahrung machen, daß sich nicht wenige Amtsträger im Netz des eigenen Systems verfangen haben, vor allem wenn sie meinen, aus Gründen „göttlichen Rechts" eine Mitbestimmung seitens der Basis ablehnen zu müssen, und dann mehr und mehr auf schmerzlichste Weise erleben, wie sehr das Fehlen einer parlamentarisch-solidarischen Rückendeckung die Bereitschaft zur Übernahme von Verantwortung und die Standfestigkeit in Entscheidungsprozessen zu schwächen in der Lage ist. Je drückender aber solche und ähnliche Lasten werden, desto näher rückt die Versuchung, die Kluft zwischen Anspruch und Realität mit Hilfe von Pseudosicherungen zu überbrücken, an denen es heute ja in Theorie und Praxis weniger denn je zu fehlen scheint. Oder was soll man von der demokratischen Ernsthaftigkeit einer Argumentation halten, die meint, bei so vielem von dem, was als „Privileg" angesehen und gebrandmarkt werde, handle es sich keineswegs um (abzulehnende) Sonderrechte, sondern einzig und allein um einige im Wesen der wahren Kirche selbst angelegte und deswegen unverzichtbare Eigenrechte, welche der Staat nur noch als solche zu bestätigen habe, um nicht die Gleichheitsgrundsätze seiner eigenen Verfassung zu verletzen? Was nur soll man zu all den Versuchen sagen, die eigenen Rechte, so wie sie eben sind, im nachhinein noch theologisch zu verbrämen, wie es etwa von seiten derjenigen geschieht, welche als interessierte Partei immer wieder darauf aufmerksam zu machen pflegen, daß der Staat der religiösen Anlage des Menschen verpflichtet sei und daher in Treue zu seinem Auftrag einen Raum für das „Transzendente" im Wesen seiner Bürger bereitzustellen habe, die aber zu übersehen scheinen, daß damit noch lange nicht die Forderung all derer erfüllt zu werden braucht, die sich, auf dem sicheren Umweg über die „Transzendenz", als deren Wächter und Hüter in ebendiesen Sicherheitsraum einzuschmuggeln suchen, um ihre Klerikerrechte nur ja nicht aufgeben zu müssen? Warum kann man denn nicht auch offen bekennen, daß eine in diesem egoistischen Sinne anspruchsvolle Führerschaft kein Wächteramt mehr wahrnehmen kann, ohne dafür in irgendeiner Weise honoriert werden zu wollen? Weshalb fällt es so schwer einzusehen, daß sich diese Schicht mehr und mehr, und geradezu hoffnungslos, von der sie tragenden Basis entfernen muß, daß immer mehr von dem, was sie als im Interesse der Basis liegend ausgeben möchte, von ebendieser als allein im wohlverstandenen Interesse der „Führer" liegend entlarvt wird; daß die Gefolgschaft bis in Einzelheiten hinein (Kirchensteuer, Konfessionsschule, Subsidiaritätsprinzip) anderer Meinung zu sein wagt und die Ansprüche des Klerus kaum mehr wie früher zu decken bereit sein wird; daß der Popanz einer breiten Mehrheit, einer „Volkskirche" gar, selbst von seiten des staatlichen Gegenübers als durch nichts mehr zu rechtfertigende Übertreibung erkannt wird; daß man allenfalls noch, wenn man sich schon brüsten muß, eine Art von „negativer" Führerschaft, von negativem Primat auch, für sich und die altkirchlichen Ansprüche reklamieren kann? Wie man jedoch auf dem Hintergrund solch allgemeiner werdenden Erfahrungen die Position einer Erkenntnis- und Bekenntnisverweigerung alten Stils durchhalten kann, ohne auf die Amoralität solchen Tuns auch nur aufmerksam zu werden, muß unerfindlich bleiben; es sei denn, man versuche diese Vogel-Strauß-Politik notdürftig mit „Führungsangst" und „Ungesichertheit der Abgesicherten" als einem durchgängigen Charakteristikum dieser so anspruchsvollen Führer zu umschreiben, einem Spezifikum aber, welchem im folgenden, streng hierarchisch geordnet, versteht sich, anhand einiger Personalstudien nachgegangen werden soll, angefangen beim Vertreter des Heiligen Stuhls in unserem Land und endend in den Niederungen des einfachen Klerus.

a) Vatikanische Generalvertreter
oder: Läßt sich das römische System exportieren?

Die Christen und Bürger gerade der Bundesrepublik hatten in der letzten Zeit Gelegenheit genug, am konkreten Beispiel der sogenannten „Bafile-Affäre" von einem Wirken der Altkirche zu erfahren, das im allgemeinen eher die Verborgenheit sucht. Es wäre aber falsch, diesen Konflikt auf einige Querelen um bestimmte Personen zu beschränken und damit die viel tiefergehende Auseinandersetzung um die Strukturen selbst zu vernachlässigen. Nach dem Abklingen der ersten aktuellen Erregung wird sich ja, zumindest unter den in Staat und Kirche Sehenden und den ehrlich um das „Verhältnis" Besorgten, Trauer über das „System" als solches, eher vermischt mit Scham als mit Schadenfreude, melden: Trauer darüber, daß „so etwas" vor aller Augen überhaupt erst passieren konnte; daß es nämlich in einem Land, in dem das „Verhältnis" zwischen Staat und Kirche neuerdings nicht ohne Grund wieder diskutiert wird, eine derart alle Demokraten beschämende Aktion seitens des Sprechers des Diplomatischen Corps (im Reichskonkordat abgesichert, wohlbemerkt!) geben durfte; daß Verhaltensweisen, die man in der Neuzeit, zumindest aber nach dem letzten Konzil, unter Christen überwunden glaubte, fröhlich weiterexerziert werden. Trauer auch darüber, daß wieder einmal das wahrhaftig nur hauchdünne Fundament eines sich in der Bundesrepublik anbahnenden Vertrauens zur Institution „Kirche" in zynischer Weise von Leuten zerstört werden konnte, die sich in ihrer Funktion als Berater des Nuntius zum Retter ebendieser Institution aufspielen und sich im nachhinein noch weiterer „Anzeigen" brüsten, um einen Nebenkriegsschauplatz zu eröffnen, als hätten wir nicht bereits Sorgen dieser Art genug. Trauer auch darüber, daß das Gesetz des Pflichtzölibats wie im Mittelalter wieder mit Mitteln verteidigt werden soll, die jeden Anspruch auf Lauterkeit verloren haben und allenfalls einigen Scharfmachern zusagen mögen. Trauer darüber auch, daß zu diesen Methoden nach wie vor auch die Denunziation zu gehören scheint, die Verweigerung des brüderlichen Gesprächs, und das in einer Kirche, die aus Brüdern bestehen soll, wie man überall nachlesen kann, in einer Kirche zumal, welche die „Kollegialität" des Bischofsamtes (wir kommen noch darauf) eben erst entdeckt zu haben vorgibt, und das in einem Land, dessen Bürger in bitteren Jahren Denunziationen zur Genüge zu erleiden hatten. Trauer eben auch darüber, daß man feststellen muß, wie ein Mensch, gleich den allzu vielen vor ihm und leider auch nach ihm, in beinahe tragischer Weise in ein solches Gestrüpp verstrickt sein muß, und das gleichsam noch von Amts und von Berufs wegen, ohne sich allem Anschein nach davon befreien zu können.

In einem solchen Dickicht von amtlich abgedeckten Ungeheuerlichkeiten und menschlichem Versagen wird man selbst die Tatsache, daß all dies nur mit Hilfe einer amtswidrigen Indiskretion ans Tageslicht kommen konnte, richtig einzuordnen verstehen: Solange Rom und seine Auslandsvertreter nämlich die geheime Kabinettspolitik alten Stils weiterbetreiben, als hätte sich seit den Zeiten eines Metternich, da die Institution päpstlicher Generalvertretungen im Gefolge politischer und innerkirchlicher Restaurationen erste wirkliche Erfolge einheimsen konnte, wahrlich nichts zum Christlicheren hin verändern lassen, kann von niemandem im Ernst erwartet werden, daß er nicht mit ähnlichen Waffen zurückschlage, sondern sich als Lamm unter Wölfen der Worte des Jesus von Nazaret erinnere. Schlimm genug, daß man erkennen muß, daß es sich bei all dem eben nicht um einen Betriebsunfall gehandelt haben kann, eben nicht nur um die unter Menschen durchaus entschuldbare Ungeschicklichkeit eines verdienstvollen Gesandten, sondern um eine innerhalb des bestehenden Koordinatensystems beinahe beliebig zu vervielfachende Begebenheit, mögen auch die Dementis der beredt schweigenden Deutschen Bischofskonferenz anderes verheißen.

Die schmerzliche Einsicht in derartige Vorgegebenheiten kirchlicher Heilssorge in der Welt von heute hatte sich allerdings bereits auf dem Konzil Gehör verschafft. Der „Heilige Stuhl" diagnostizierte die Leiden so vieler Bischöfe (auch das berühmte Interview des belgischen Kardinals Suenens hatte Bände gesprochen) und sorgte für eine Therapie ganz besonderer Art: Am 24. Juni 1969 erschien zur Überraschung aller, derjenigen, die sprechen durften, und derjenigen, die aus Gründen der Kirchenräson besser schwiegen, ein Erlaß, welcher das „päpstliche Gesandtschaftswesen" neu regeln sollte. Nur, und das dürfte von einigem Interesse sein, „neu" war an dieser Regelung allein die „konziliare" Verpackung, der Zuckerguß aus der vatikanischen Hofbäckerei gleichsam, welcher im meisterhaft gehandhabten Stil, Surrogatlösungen als Fortschrittsleistungen für die Weltkirche und gar als Entgegenkommen für die Staaten auszugeben, unter Berufung auf neuerdings gängige Theologumena, an denen selbst die römische Schultheologie nicht ganz vorbeigehen konnte, wollte sie ihr wissenschaftliches Gesicht nicht noch mehr verlieren, den alten, kirchenrechtlich gesehen eher noch verschärften Kern zu verhüllen suchte. Dieses Dokument, welches von „Ortskirchen", „Dienstämtern" und ähnlichem redete und die Nuntiaturen gar zum „Band der Einheit" hochlobte, bekräftigte die merkwürdig anmutende Zwitterstellung, euphemistisch auch als „Doppelfunktion" apostrophiert, welche die päpstlichen Legaten innehaben: sie haben einerseits als Mittelpersonen zwischen dem „Heiligen Stuhl" (man erinnert sich!) und der Lokalkirche, zum anderen als Vertreter kirchlicher Interessen bei den Staaten, und das mit eigens abgesichertem diplomatischem Rang, zu gelten. Preisend mit viel schönen Reden wurde in diesem Zusammenhang von interessierter Seite – auch deutsche

Bischöfe stimmten in den Lobgesang ein, es gehörte sich ja nun auch – die innerkirchliche „Kommunikation" geschildert. Ähnlich rosig sah man das Einvernehmen zwischen dem Nuntius und der jeweiligen Bischofskonferenz, den im übrigen völlig freien Verkehr aller Gläubigen direkt mit dem Papst, einen Verkehr, der selbst den Bischöfen zugestanden wurde, konnte man diese doch nicht gut von den Gläubigen ausnehmen. Auch sonst gab es noch vieles zu loben: etwa die „Angemessenheit" der Tatsache, daß der diplomatische Vertreter des „Heiligen Stuhls" mit der bischöflichen Würde ausgestattet sei oder daß dieser nichts Geringeres als der Doyen des Diplomatischen Corps zu sein habe, wenigstens bei befreundeten Staaten. Es ist ausgesprochen amüsant nachzulesen, welche Kapriolen die Auslegung des so unverhofft oktroyierten Dokuments noch geschlagen hat: die wechselseitigen Verweisungen zwischen innerkirchlichem und diplomatischem Status gehen lustig-unverfroren hin und her, um den einen (Bischofswürde) mit Hilfe des anderen (Doyen) zu begründen und umgekehrt sowie um die Privilegien des einen Führungsamtes durch diejenigen des anderen abzustützen, ein wahrhaft biblischer Vorgang.

Weniger lichtvoll – oder überhaupt nicht – wurden allerdings, bei näherem, wenn auch böswilligem Hinsehen, die seit Jahrzehnten ungeklärt schwelenden Fragen an ein solches Dienstamt abgehandelt. So suchte und sucht man etwa immer noch vergebens Antwort auf die Fragen, worin denn das päpstliche Gesandtschaftsrecht, in welcher seiner zeitbedingten Formen auch immer, seinen behaupteten „göttlichen" Ursprung finde; weshalb ein solches, auch diplomatisch privilegiertes, lediglich einer bestimmten Religionsgemeinschaft zukomme, während andere Kirchen sich, auch in der Bundesrepublik, mit „einfachen" Vertretern bei der Regierung begnügen müssen; ob der im Jahre 1929 errichtete Vatikanstaat als reine Fiktion wirklich als eine wie immer geartete juristische Basis für ein derartiges Monopol, dem wohl nur eine ganz bestimmte Sicht des „Christlichen", das römische System eben, zustimmen können wird, fungieren kann oder ob es mit dem entsprechenden Anspruch des „Heiligen Stuhles" etwa besser gehe oder ob es eben so überhaupt nicht gehe; wieso eigentlich der Apostolische Nuntius in manchen Ländern, die Bundesrepublik nicht ausgenommen, im Gegenteil (der „Kulturkampf" spielt sich hierzulande ja ganz woanders ab!), gleichsam automatisch als Doyen seinen Diplomatenkollegen vorauszugehen habe und weshalb man die Nichterfüllung eines solch biblischen Anspruches von kirchlicher

Seite mit „Liebesentzug" zu bestrafen gewohnt sei, und so vieles mehr.

Die gegenwärtigen Diskussionen, von der „Affäre" angefacht, bewegen sich demgegenüber nach wie vor an der Oberfläche. Die Bischöfe bemühen sich, aus ihrer Sicht allerdings nur zu verständlich, die unseres Erachtens in ihrer Machtdiffusion geradezu neuplatonisch anmutende und theologisch im wesentlichen ungeklärte Verbindung „Nuntius – Vertreter des Papstes – Heiliger Vater selbst" in die Erinnerung zurückzurufen, als sei mit derlei emotional bedingten Vermischungen mehr zu erreichen als die Einsicht, es handle sich bei einem Nuntius schlichtweg um den „Vertreter" des „Vertreters". Der Schaden, welche die „Affäre" gleichsam als Spitze des Eisberges über die Bundesrepublik hinaus angerichtet hat, ist mit solchen Taschenspielertricks kaum zu beheben. Wirkliche Abhilfe könnte eher ein, wenn auch so manchen Durchhalte-Christen und sein Getto schmerzlich berührendes Schuldbekenntnis und eine kirchen- wie verfassungsrechtlich nüchterne Neubesinnung schaffen.

Diese hätte sich etwa, über den bereits aufgeführten Problemkatalog hinaus, mit der Frage zu beschäftigen, ob sich nicht an eine herzhaft und strikt genug durchgeführte Aufteilung des Amtes denken ließe, so daß die innerkirchlich bedeutsamen Funktionen des Nuntius künftig etwa vom Vorsitzenden der jeweiligen Bischofskonferenz, die staatskirchlichen hingegen von einem „Laien" wahrgenommen werden könnten. Aber selbst eine solche Revision bestehender Ämter würde sich als ein Schuß ins Leere erweisen, als eine nur kosmetische Operation, wenn man sich allein damit begnügte, ohne auf das viel tiefer liegende – und daher von so vielen überhaupt noch nicht geortete – Problem einzugehen; daß sich nämlich, wie man hierzulande auf staatskirchlichem Gebiet Tag für Tag erleben kann, verschiedene Sichten von dem, was man „Kirche" zu nennen sich angewöhnt hat, in unverminderter Schärfe gegenüberstehen, so daß all die derzeitigen Deklarationen und Lösungsvorschläge lediglich ein Vorgeplänkel darstellen können. Die prinzipielle Auseinandersetzung um die Kirche der Zukunft und um deren „Verhältnis" zum Staat und der Gesellschaft wird so allenfalls mitvorbereitet, der Streit um die Strukturen läuft so erst richtig an.

Als recht hilfreich für diese Auseinandersetzung könnten sich allerdings, unter dem grundsätzlichen Horizont der „Entäußerung" verstanden, all die Überlegungen erweisen, welche davon ausgehen, daß das gegenwärtige System vatikanischer Diplomatie, so gesichert es sich immer noch geben mag, kaum als besonders zukunftsträchtig bezeichnet werden kann. Dies gilt umso mehr als es, ganz abgesehen von seinen innerkirchlichen und innertheologischen Unzulänglichkeiten, in seiner mehr und mehr überholten Fixierung auf nationalstaatliche „Beziehungen", der künftigen Universalpolitik der Welt, welche auch ganz andere kirchenpolitische Strukturen mit sich bringen wird, nicht gewachsen sein wird und in seiner beinahe prinzipiellen Ausrichtung auf Vorteile zumindest innerhalb des einzelnen Staates, koste es was es wolle, auch nicht gerade als eine besonders „gesellschaftskritische" Institution gefeiert werden kann. Das wird vor allem deutlich, wenn man bedenkt, daß das gegenwärtige System, Repräsentanten zu weltlichen Mächten zu entsenden, immer in Gefahr sein wird, die Kirche als eine gleich- oder höherrangige „Macht unter Mächten" erscheinen zu lassen; als eine Macht zumal, welche als Super-Lobby (man denke nur an die „theologische" Begründung ihrer Ansprüche!) ständig Rechte für sich und ihresgleichen zu erheischen sucht, Rechte jedoch, welche sie, die „dienend Besorgte", wesentlich weniger lautstark einzuklagen scheint, wenn diese solchen Menschen zukommen sollen, die ihrerseits keine Macht haben und der Kirche auch kaum einen wirklichen Zuwachs an Einfluß bringen können. So wird man es eben auch in den Kreisen der vatikanischen Diplomaten eher als „theologisch richtig" und politisch „comme il faut" betrachten, mit staatlichen Auszeichnungen bedacht zu werden, als eines Tages wegen „christlich" motivierter Bedenken und Anklagen, und würden diese der Verteidigung von Rechten der Nicht-Katholiken, für die man noch nicht einmal akkreditiert zu sein scheint, gelten, zur „persona non grata" erklärt zu werden: die Nützlichkeitsrechnungen zur Wahrung des kirchlich-institutionellen Besitzstandes gehen also nach wie vor auf.

Nun sind wir uns selbstverständlich der Böswilligkeit all dieser Vorüberlegungen bewußt. Wir können ja noch nicht einmal den geringsten Beweis für ihre Stringenz anführen, was strafverschärfend hinzukommt, zumal man weder das Prinzip der Selbstentäußerung gegen das viel biblischere der Selbstbehauptung durchzusetzen vermag noch darauf hinweisen darf, daß sich im diplomatischen Dienst des „Heiligen Stuhls", wie er sich heute darbietet, eine Existenzweise gelebter Ekklesiologie von ehedem konkretisiert, eine Ausprägung von Kirche nämlich, wie man sie in ihrer Suche nach immer noch größeren Vor-

rechten und Absicherungen (und das zuungunsten anderer, der Nichtchristen etwa, aber auch der Ortsbischöfe) nicht so sehr aus der Geschichte handfester Realpolitik, sondern aus der Schrift zu kennen
glaubt. Zur Ehrenrettung ebendieses Systems muß jedoch aufrichtigerweise gesagt werden, daß andere Führungskräfte der Kirche, wie
etwa die Bischöfe, von denen gleich noch die Rede sein wird, es in
seinen Grundzügen ständig zu übernehmen trachten, ja, daß es seine
Lebensfähigkeit und Moralität immer dann wieder zur Schau stellen
kann, wenn alle möglichen Staaten (wie etwa die DDR), aus welchen
Gründen auch immer, danach streben, es übernehmen zu dürfen; und
gerade deswegen wird es wohl auch irreformabel gut sein.

b) Apostel Deutschlands
oder: Sind Diözesen Polizeireviere?

Falls man davon ausgehen darf, daß nur eine bigotte innerkirchliche Selbstgerechtigkeit und die daraus resultierende Schultheologie
des „Vermengens" das Fragen nach dem Sinn staatlich sanktionierter
Privilegierung der Führungsämter in die Nähe des „Unglaubens" zu
rücken vermag, so wird man auf dem Hintergrund der ernüchternden
Feststellung, daß der Grundauftrag kirchlicher Prophetie durch das
für die Bundesrepublik im Reichskonkordat (Artikel 3 und Schlußprotokoll) bestätigte diplomatische System des „Heiligen Stuhls" eher
verdunkelt als erhellt zu werden pflegt, darüber Aufschluß erbitten,
ob sich denn dieser Auftrag wenigstens durch das bischöfliche Dienstamt, wie es sich hierzulande darzustellen gewohnt ist, in etwa auch
nur annäherungsweise erreichen lasse. Man wird deshalb im Zusammenhang des Fragens nach dem „Verhältnis" vor allem das grundsätzliche Selbstverständnis des Bischofsamtes und seine Stellung im
Gesamt der heutigen Gesellschaft zu untersuchen haben wie auch
dessen detaillierte Ausprägungen, wie sie sich etwa in den Artikeln 11
(Diözesanzirkumskriptionen), 14 (Besetzung von Bischofsstühlen) und
16 (staatlicher Treueid) des Reichskonkordats konkretisieren.
An den Beginn des Fragens könnte nun, ohne sich jedoch auf das
Glatteis dogmatischer Tradition führen zu lassen, die Überlegung
gestellt werden, wie es denn um einige der Grundsätze bischöflichen
Dienens und um deren Konkretionen bestellt sei, um das Prinzip
der „apostolischen Nachfolge" etwa oder um dasjenige der „Kollegialität". Man könnte dabei feststellen, daß im Lauf der Geschichte

ein ganz bestimmtes Modell (der heimlichen Adaptation) favorisiert worden ist, welches, in strikter Abhebung von den neuzeitlich-demokratischen Formen der Amtsumschreibung, -verleihung und -enthebung, davon auszugehen schien und scheint, daß kirchliche Ämter ausschließlich in einem geradezu feudalistisch anmutenden Verfahrensstil (wenn auch ohne besondere Reflexion auf dessen soziologisch faßbare Grundlagen) legitimiert und übertragen werden müßten, während doch die neuere Theologie weder die historische Basis für diese ausgesprochen einseitige Auffassung noch deren theologisches Fundament für so gesichert halten kann, daß man darauf derart weittragende Forderungen stützen könnte, wie man es früher zu tun beliebte. Immer drängender werden ja die Fragen nach der wirklichen Legitimation einer „Apostolizität", welche nicht so simpel historisierend wie bisher zugunsten einzelner Bischöfe (und deren daraus resultierenden Ansprüchen) beantwortet werden darf, sondern von dem prinzipiell apostolischen Charakter der Gesamtkirche und ihres Glaubens her gesehen werden muß, an dem eben nun auch noch andere Glieder ebendieser Kirche von Amts wegen teilhaben; und dies schon deswegen, weil sonst sowohl die Isolierung des Bischofsamtes von der Basis noch mehr gefördert als auch insinuiert würde, der richtige Glaube leite sich in der Kirche allein vom bischöflichen Wächteramt her, während die Gläubigen gleichsam habituell zur „Häresie" neigten. Nähme man also den antifeudalistischen Gedanken auf, selbst Bischöfe seien weniger die Repräsentanten Gottes (und entsprechend schon durch Farbe und Insignien gekennzeichnet) als vielmehr diejenigen des Volkes Gottes (wenn überhaupt schon von „Repräsentation" gesprochen werden soll), dann müßte auch der Satz, alle Gewalt gehe vom Volke aus, nicht schon von vornherein als anarchistische und atheistische Kampfparole verdächtigt werden (F. J. Schierse). Ja, man könnte sich sogar behutsam daran machen, all die konstantinisch-mittelalterlichen Einkleidungen dieses so wichtigen Amtes aufzugeben, so daß man schließlich gar solche Amtsträger eher an den Stellen, an denen sie heutzutage nur zum Zwecke der Visitation auftauchen (Slums, Bergwerke, Fabrikhallen), zu suchen hätte als an den Nobel-Orten, wo sie gegenwärtig hauptsächlich vorkommen („Palais", Generalvikariat, Sitzungszimmer). Es klänge dann wohl auch bezeichnenderweise nicht mehr so absurd-lächerlich wie heute, wenn man von den einzelnen Bischöfen als dem „Apostel von Köln, von München ..." spräche, von der Deutschen Bischofskonferenz als den „Aposteln Deutschlands". Im übrigen könnte sich die „Kollegialität" dieser Apostel dann im Gegensatz zur berühmt-berüchtigten „Einmütigkeit" der Erklärungen von heute als wirkliche Solidarität mit allen Menschen und sogar mit den eigenen Mitbrüdern erweisen, und hießen diese Camara, damit man hierzulande nicht noch einmal das traurige Schauspiel erleben müßte, daß weder der Vorsitzende der päpstlichen Kommission „Justitia et Pax" noch der Pax-Christi-Bischof noch der Adveniat-Bischof noch der Misereor-Bischof es für nötig erachten, sich von Amts wegen der Ehrung eines wirklichen „Apostels" anzuschließen.

Man wird uns nun diese Abschweifung in das Reich kirchlicher Utopie und bundesrepublikanischer Phantasie-Wirklichkeiten eher verzeihen, wenn man darüber nachzudenken beginnt, ob sie nicht auch als Grundlage für spezifisch staatskirchenrechtliche Neuanfänge dienen könnten. In diesem Zusammenhang wäre, unter Bezug auf die Vorschriften des Reichskonkordats etwa, an die Frage der Amtsverleihung und der Amtsterritorien (Diözesanumschreibung) zu denken. Nun kann hier selbstverständlich nicht das Gesamtproblem der kirchlichen Ämterpatronage und der staatlichen Mitwirkung bei die- dieser aufgezeigt werden, und doch machen wir in aller Kürze auf einige der diesbezüglichen Spezialfragen aufmerksam: Wie bereits im vorigen indirekt bemerkt, könnte man sich durchaus vorstellen, daß der beste „Apostel" in der künftigen nichtchristlichen Diaspora-situation der Kirche und damit der fähigste und geeignetste Kandidat für ein Führungsdienstamt nicht so sehr derjenige wäre, welcher von der Pike auf die kirchliche Bürokratie von heute, und sei sie noch so unentbehrlich, kennengelernt und einen besonders gearteten Gehorsamsbegriff übernommen hat, sondern einer, der den Mut gehabt hat, auch auf unkonventionell-neuchristliche, ja sogar für manche Traditionschristen direkt anstößige Art sein christliches Engagement für die Menschen zu leben. Ohne nun ins Schwärmen über die Vorzüge eines solchen Supermenschen, der eigentlich gar keiner sein dürfte, zu geraten und ohne auf diesem Wunschhintergrund die derzeitigen Führungseliten um so gründlicher desavouieren zu wollen, wird man doch nicht leugnen können, daß das bisherige Verfahren allzu sehr dem Verdacht ausgesetzt sein mußte, es tauge allenfalls zur „Selbstrekrutierung" im geistlichen Amt. Aufgrund der Tatsache, daß die Auswahl der Kandidaten für das Bischofsamt seit langem eine Schlüsselposition innerhalb des gegenwärtigen durch eine pyramidal und

hierarchisch ausgerichtete Strukturierung gekennzeichneten Systems, wie es von seiten einer die fundamentale Gleichheit und Würde des Gottesvolkes verzeichnenden Schultheologie zusammengezimmert worden ist, innehat, wird man ein gewisses Verständnis für die aktuelle Lage haben und all das Bemühen der solchermaßen Favorisierten einleuchtend finden, diese Bastionen nicht an Systemfremde abgeben zu müssen; und doch wird man kaum zögern, der Fixierung solcher Machtverhältnisse, die jeder absoluten Monarchie zur Ehre gereichen könnten, die theologisch bessere Einsicht entgegenzusetzen. So wird man darauf verweisen, daß man auf die Dauer die Rechtgläubigkeit und Kirchlichkeit, was immer dies auch sein mag, bei den Amtsträgern nicht allein dadurch sicherstellen kann, daß man den Kreis der Wähler möglichst klein hält, die Kooptation der unter sich Treuen fördert und es gar so weit kommen läßt, daß nur noch Listen von „Eingeweihten" zirkulieren, die bis auf ganz wenige Ausnahmen aus der Branche stammen und langsam aber sicher – über die Stufen des Generalvikars und des Weihbischofs etwa – ihrem eigentlichen Amt „entgegengeweiht" werden. Als weitere spezifische Ausformungen dieser Amtsmißverständnisse sind zu nennen die absolute Konzentration der Entscheidung in der Hand des Papstes oder zumindest des „Heiligen Stuhls", die juristisch gesehen lediglich drittrangige Form von Mitbestimmung seitens der Mitbischöfe, die Tendenz, kirchenrechtlich errichtete Repräsentativorgane (die berühmten „Räte", welche ein ähnliches Randdasein in der Kirche führen wie die Synode der Bistümer Deutschlands) als Gremien möglichst ganz aus dem Verfahren herauszuhalten, sowie die Schlüsselfunktion des Nuntius, welcher als Einzelperson nach geltendem Recht leicht den ganzen Kreis der Konsultationsberechtigten aufzuwiegen in der Lage ist.
Bestehende Mitspracherechte wie etwa in der Bundesrepublik (Konkordate) nehmen sich demgegenüber recht bescheiden aus. Sie sind zudem in den meisten Fällen von den staatlichen Vertragspartnern, nicht jedoch von den jeweiligen Ortsbischöfen ausgehandelt worden. So stellt sich zwar die rechtliche Lage in der Bundesrepublik um einiges besser dar als in manchen anderen Ländern, doch handelt es sich de facto um dieselben Strukturen wie anderswo: Solange das Prinzip der uneingeschränkten Selbstrekrutierung im Bischofsamt, weder angekränkelt vom Recht des staatlichen Gegenübers, Bedenken „allgemeinpolitischer Natur" gegenüber dem kirchlicherseits in Aussicht genommenen Kandidaten äußern zu können, noch vom Recht,

einen Treueid entgegennehmen zu dürfen, gilt und eifrig von interessierter Seite verteidigt wird, ist auch von den deutschen „Wahlberechtigten" nicht viel anderes als Systemkonformität zu erwarten; so daß selbst das immer wieder als Entgegenkommen gerühmte (im eigentlichen aber selbstverständliche) deutsche Konkordatsrecht nichts grundsätzlich Neues bringt, sondern im Gegenteil eher noch dazu beiträgt, kircheninterne Mentalitäten zu verfestigen. Es mag gerade deswegen auch mehr als verständlich sein, daß die deutsche Amtskirche die bestehende Rechtslage nicht im entferntesten zu ändern sucht, sondern vielmehr deren Vorzüge preist. Eine Einbeziehung weiterer Personen in den Entscheidungsprozeß wird also unter diesen Umständen erst dann nützlich sein, wenn damit auch die Gewähr dafür gegeben ist, daß andere Mentalitäten zum Tragen kommen.

Demgegenüber wird die Stoßrichtung innerkirchlicher Reform, schon um die subtile Amoralität dieser Regelungen offenzulegen, die Tendenz verfolgen, die theologisch bessere Lösung, wie sie auch bereits konziliar vorgezeichnet ist, in die Öffentlichkeit der Gesellschaft hineinzutragen, um über Nachholbedürfnisse des antidemokratischen innerkirchlichen Rechts zu informieren. Im übrigen wird sie verdeckte Leitlinien der Kirchengeschichte aufzuzeigen, um den Nachweis erbringen zu können, daß die Neuerer nicht schon deswegen ahistorisch denken und handeln, weil sie es wagen, „anders" historisch als die Römer und ihre Vasallen vorzugehen, und sei es nur, um das gegenwärtige (Konkordats-) Recht aus seiner Eigenart als wechselseitige Absicherung gegen Mißtrauen (Papst-Bischof-Staat-Laien) zu befreien. Schließlich wird die Reform das staatliche und gesellschaftliche Gegenüber mobilisieren, um vielleicht auch von dieser Seite Schützenhilfe in innerkirchlichen Auseinandersetzungen um die Demokratie zu erhalten, und dies, obwohl es manchen beschämend genug anmuten mag, Grundrechte und Freiheiten nicht mit dem eigenen Kirchenrecht, sondern geradezu gegen dieses erstreiten zu müssen. Jedenfalls wird man kaum Hilfe von seiten derer zu erwarten haben, deren Beitrag zu dieser im Leben der Kirche so wichtigen Frage sich darin zu erschöpfen scheint, von den Bischofskandidaten künftig (!) eine – im übrigen nach allen Interpretationsregeln der Kirchenrechtswissenschaft dispensierbare – „Zeitoffenheit" zu verlangen, wie es in einem päpstlichen Dokument aus dem Jahre 1972 zum Thema nachzulesen ist.

Nicht viel besser steht es um die konkordatär abgestützte Problematik der Diözesanumschreibungen: Kircheninterne Ansätze zu deren

Aktualisierung werden immer noch allzu gern damit abzublocken gesucht, daß man auf das vertraglich vereinbarte Mitspracherecht des Bundes und der Länder (Artikel 11 Reichskonkordat) verweist, welches diese eine etwaige Neuregelung, an die man doch bei Vertragsabschluß – entgegen den neuesten Insinuationen – gedacht zu haben schien, mitbetreuen läßt. Dabei könnte man doch wohl gerade in der Bundesrepublik so manche Gründe für eine Neuordnung anführen. Vor allen Aufteilungsvorschlägen geographischer Art wäre dabei allerdings zunächst an die viel grundsätzlichere Frage nach der beinahe exklusiven Geltung des innerkirchlichen sogenannten „Territorialprinzips" zu erinnern: Dieser Richtsatz, welcher eine „klare Abgrenzung der Führungsbereiche" (K. Mörsdorf) gewährleisten soll, schon um die geordnete Führung des Gottesvolkes sicherzustellen (ganz im Sinne der „Fürsorglichkeit", man erinnert sich!), basiert auf einer territorialen und nicht etwa, wie man es sich ja auch vorstellen könnte, auf einer personal ausgerichteten Einteilung der Gesamtkirche und ihrer einzelnen „Gebietskörperschaften". Das Prinzip hat somit zur Folge, daß die in einem bestimmten Territorium befindlichen Gläubigen eine um ihre Führungskraft gruppierte Ortskirche („Diözese", Pfarrei) bilden und daß der Führungsbezirk des kirchlichen Amtsträgers räumlich aufs genaueste umschrieben werden kann, ja daß sich das „Netz" der Sorge, territorial fast nach Art von Polizeirevieren (K. Rahner) gewirkt, unentrinnbar über alles legt, was sich „christlich" nennen darf. Man wird nun davon ausgehen können, daß dieses Territorialprinzip im wesentlichen begründet ist in der Suche nach bestimmten Verwaltungsformen und Koordinationsmechanismen, welche sich aufgrund der im Laufe der ersten Jahrhunderte immer mehr zunehmenden Komplexität und Ausdehnung der kirchlichen Organisation aufdrängen mußte, sowie in dem Verlangen nach Zentralisierung und Bürokratisierung aufgrund der ständigen Bedrohungen und Verunsicherungen, die sich innerhalb („Häresien") wie außerhalb der Kirche ergaben (D. Warwick). Wen wundert es da, daß die junge Kirche, welche in solchen Fragen ja kaum auf ihr Evangelium zurückgreifen konnte, ihre bereits erwähnte „Urwahl" im Sinne der Adaptation an die sie umgebende und dauernd lockende (konstantinische) Umwelt traf?
Und doch wird man heute zu überlegen haben, ob sich ebendieses Prinzip denn in allem als dem kirchlichen Hauptauftrag so unübertrefflich adäquat erwiesen habe, wie es immer noch dargestellt zu

werden pflegt; oder ob nicht auch die Denkansätze etwas für sich haben, welche darauf hinweisen, daß sich durchaus auch andere Formen empfehlen könnten: etwa diejenigen der „Basisgemeinden", welche ihren Grund in der freien Initiative zum Zusammenschluß bewußt Glaubender haben (und dies über die bestehenden Territorialgrenzen hinaus!) und schon dadurch Anlaß zu der Überlegung geben, ob es für die Kirche der Zukunft wirklich gut sei, in alle Ewigkeit und in fast perfekter Exklusivität Verwaltungseinheiten aufrechtzuerhalten, die in ständiger Gefahr sind, christliche Regungen „von oben herab" bis ins Detail hinein (Taufe, Eheschließung, Beichtvollmacht, Dispensen, Prozesse) amtskirchlich zu organisieren.

Doch kehren wir nach diesem Ausflug in die neuere theologische Praxis der „Offenen Kirche", welche das „Verhältnis" zwischen Staat und Kirche bislang ja erst ganz am Rande tangieren kann, zu den anstehenden Problemen der „Geographie" zurück, die ebenfalls gelöst werden sollten, zumal die heutigen Diözesangrenzen in der Bundesrepublik, die zum großen Teil den staatlichen Vorgegebenheiten des 19. Jahrhunderts adaptiert worden waren, mehr als unbefriedigend sind (A. Exeler). Man könnte sich ja nun doch wohl einmal ernsthaft überlegen, ob sich, nach so vielen politischen und wirtschaftlichen Umwälzungen zumal, wirklich noch die nicht selten absurd anmutenden Verhältnisse aufrechterhalten lassen: die territorial und personal gravierenden Unterschiede etwa zwischen den einzelnen Diözesen (Riesenbistum Köln und Zwergdiözese Eichstätt) oder die verschiedenen Enklaven bzw. Exklaven in bestimmten Bistümern, welche dazu führen, daß der zuständige Bischof (etwa in Angelegenheiten staatskirchlicher Natur) oft genug mit bis zu drei Landesregierungen zu verhandeln hat oder umgekehrt die Landesregierung mit verschiedenen Bischöfen, was eine Verständigung von vornherein erschwert.

Nun wird man zwar, unter den heutigen Umständen der Selbstbehauptung zumal, Verständnis dafür aufzubringen haben, daß jeder Ortskirchensouverän seinen Besitzstand eifersüchtig zu wahren sucht (wer will denn schon als „Verzichtspolitiker" in die Geschichte eingehen) und das Problem auf seine Weise, mit der Ernennung immer neuer Hilfsbischöfe nämlich, die seinen eigenen Ruhm als „Regierender" nur noch vermehren können, löst. Und doch könnte man diese so anspruchsvollen Führer daran erinnern, daß das letzte Konzil, wenn auch gegen den erbitterten Widerstand so manch eines Betroffe-

nen, der zudem noch stimmberechtigt war, Anregungen in dieser
Richtung gegeben hat, schon um (soweit es im bisherigen Territorial-
system überhaupt noch möglich sein wird) die pastorale „Versorgung"
des Gottesvolkes besser zu gewährleisten. Konkretisierte man diese
Vorschläge für das Territorium der Bundesrepublik, so wäre, trotz
der grundsätzlichen Bedenken, wie wir sie vorher dem Territorialprinzip gegenüber anzumelden hatten, an die durchgängige Anpassung
der Diözesangrenzen an die staatlichen Verwaltungseinheiten zu denken und auch an die Sorge darum, daß allzu große Diözesen aufge-
teilt und einheitliche Ballungszentren (Hamburg) nicht durchgetrennt
werden.
Daß der staatliche Vertragspartner hierzulande solchen Vorstellungen
befremdet gegenüberstünde, ist kaum anzunehmen, sieht er sich doch
seinerseits auch immer wieder mit ähnlichen Problemen konfrontiert.
Man sollte auch nicht einwenden, eine derartige Anpassung mache
die Kirchenorganisation von den ständig wechselnden staatlichen
Territorien abhängig, will man sich nicht dem Verdacht aussetzen,
man gehe zum einen davon aus, daß der Staat von vornherein ein
flatterhaftes Gebilde sei, und insinuiere zum anderen, die Kirche
und ihre Bürokratie seien die eigentlich beständigen Ordnungskräfte
auf dieser Welt. Die neuerdings gewählte Argumentation allerdings,
die bundesrepublikanische Ortskirche wolle ihre Diözesangliederung
schon deswegen nicht ändern, um der DDR keinen Anlaß zu ähnlichem
Vorgehen zu liefern und die deutsche Spaltung nur noch zu vertiefen,
muß man ernster nehmen: als Zeugnis dafür, daß manchen kein
Mittel zu schäbig ist, um mit Hilfe einer leicht dümmlichen politischen Vorstellungswelt die eigenen Ansprüche um so besser und „aktueller" durchsetzen zu können. Daß derlei geistige Höchstleistungen
aber durchaus keine Ausnahmen in der Beweisführung zugunsten des
Status quo darstellen, soll im folgenden ein Blick auf die Begrün-
dungsweisen für die konkordatären Ansprüche der niedereren kirchlichen Chargen zeigen.

c) *Standesbewußte Hirten*
oder: Stellt ausgerechnet Schwarz die typische Farbe des Reiches
Gottes dar?

Wer erfährt, daß sich nicht weniger als acht der insgesamt vierund-
dreißig Artikel des Reichskonkordats speziell mit dem sogenannten

„Klerus" befassen, vermag schon entfernt zu ahnen, um welch innerkirchlich bedeutsame Angelegenheiten es sich da handeln muß. Wer sich daraufhin im einzelnen mit den in diesen Artikeln getroffenen Regelungen befaßt, wird vielleicht stutzig werden und einen Zusammenhang zwischen all dem, was da detailliert behandelt ist, suchen: Wird da doch sowohl eine Freistellung der Geistlichen von bestimmten öffentlichen Ämtern (Artikel 6) wie vom Wehrdienst (Geheimanhang) ausgesprochen als auch ein besonderer staatlicher Schutz für die geistliche Tätigkeit (Artikel 5), die geistliche Kleidung (Artikel 10), das Amtseinkommen (Artikel 8) und das Berufsgeheimnis des Geistlichen (Artikel 9) zugesagt. Hinzu kommen eine minutiöse Regelung der Ausbildung (Artikel 14), ein wenigstens in Aussicht genommenes Verbot der politischen Tätigkeit (Artikel 32) und eine halbwegs dunkle Vorschrift über die Mitwirkung von Bischöfen bei der Übernahme eines staatlichen Amtes durch einen Geistlichen (Artikel 7). Der unvoreingenommene Beobachter wird sich, halbwegs verwundert, nach all dem fragen, ob es in der neuzeitlichen Gesellschaft überhaupt noch eine andere Berufsgruppe geben werde, die ähnliche völkerrechtlich abgesicherte Privilegien genießt und doch weder dem Diplomatenstand noch dem Militär angehört.

Nun kann aber einem solchermaßen Fragenden sofort eine parate Antwort gegeben werden: Er ist auf dem nicht gerade alltäglichen Umweg über einen Vertrag mit einem Beruf in Berührung gekommen, der nach eigenem Anspruch in der speziellen Nachfolge des Jesus von Nazaret steht und die Nachfolge jenes schlechthin Entäußerten zur „theologischen" Grundlage innerkirchlicher Überlegenheit gemacht, ja aus der theologisch wie auch immer fundierten Abhebung von all den gewöhnlichen „Laien" eine eigene und durch Privilegien abgesicherte Standesideologie „soziologischer" Ausprägung abgeleitet hat. Falls der Fragende nun etwa lächelnd am Gegenwartswert einer solchen Festlegung zweifeln möchte, muß ihm mit allem Nachdruck entgegengehalten werden, dieses exklusive „Standesbild" sei durchaus nicht antiquiert und schon gar nicht bis in seine Details hinein unbiblisch, zumal es als „zeitlos gültig" verteidigt werde, und sei es bis zum heutigen Tag von Leuten, welche Generälen ähneln, die ein altes Schützenpanzermodell für den letzten Schrei militärischer Schlagkraft halten (dieser Vergleich ist so unangebracht nicht, man lese Artikel 10 des Reichskonkordats nach, in welchem das geistliche Gewand, peinlich genug, der militärischen Uniform gleichgestellt wird!).

In der Tat, es gilt, wie bereits kurz erwähnt, ein in sich von der scholastisch-tridentinischen Theologie und Jurisprudenz meisterhaft geschlossenes Modell zu verteidigen, welches den katholischen Amtsträger anzusehen gewohnt ist als einen im Seminar einheitlich geformten, ebenso uniform mit Rechten und Pflichten ausgestatteten, hauptberuflich tätigen Berufenen, der sich zu einer in sich abgeschlossenen, rechtlich gegen die „Welt" abgesicherten und streng nach innen disziplinierten Elitetruppe, einem „Stand" eben, zählen darf. Die Befolgung dieses exklusiven Rechtsvorschlags, über dessen eigentlich theologische Fundierung, um nicht zu sagen mittelalterlich gefärbte Adaptation, man heute besser schweigen sollte, ist beinahe durchgängig charakterisiert durch so interessante Besonderheiten (wie etwa Lebensform und Kleidung), daß man sich nicht wundern sollte, daß sie seit Jahrhunderten gut gefällt.

Mit dieser Feststellung könnte dieses Thema als abgeschlossen gelten, ja, man hätte sogar die Genugtuung, daß wenigstens in diesem Punkt das „Verhältnis" moralisch ist, zumal selbst der Staat in der Form eines Konkordats all dem zuzustimmen scheint, wäre da nicht noch eine winzige Kleinigkeit: die „Krise" nämlich, welche, obwohl allein von böswilligen Professoren herbeigeredet, sich allem Anschein nach nicht von selbst zu bereinigen scheint, sondern eher noch zunimmt und immer einsichtiger macht, daß sich gerade auf dem Gebiet des geistlichen Amtes ein besonders tiefgreifender Wandel anbahnt. Wer sich nun aber ehrlich und konsequent genug auf das Risiko einläßt, in einer solchen Krise auch eine Herausforderung zum Umdenken, eine oft schmerzliche Einübung eines unverzichtbaren Lernprozesses zu erblicken, der mag die Erfahrung machen, daß wir immer noch von vielen umgeben sind, die sich grollend ins Schneckenhaus des „Dogmas" zurückziehen und die moderne Entwicklung beklagen, ohne selbst eine in der Auseinandersetzung mit den Kritikern aller Lager gereifte Neuorientierung vorlegen zu können. Nicht genug damit, wir haben selbst noch an den Spätfolgen einer Pseudotheologie zu leiden, welche etwa in der wirklich sekundären Frage nach der geistlichen Kleidung ausgerechnet die „Eschatologie" bemüht und sich nicht scheut, für derlei Eskapaden noch einen staatlichen Schutz wie in Artikel 10 des Reichskonkordats zu beantragen. Dabei könnte man doch in einer so lächerlich wirkenden Frage etwas nüchterner sein, zumal man – und dies ist nun nicht politisch, sondern allein „textil" gemeint – weder Schwarz (beim „niederen" Klerus) noch Rot (beim „höheren" Klerus) ruhigen Gewissens als die exklusiv jenseitsorientierten Farben ansprechen, sondern in der Kleiderfrage allenfalls ein typisches Beispiel für die immer wieder geschehene Anpassung des geistlichen Berufes sehen kann, für eine Anpassung allerdings an längst vergangene Mentalitäten und Zeiten.

Solange jedoch solch grundsätzliche Einsichten nicht allgemeiner als noch heute anerkannt werden, steht natürlich kaum zu erwarten, daß auf breitester Front eingesehen wird, daß der Priester in der säkularisierten Gesellschaft der Gegenwart, welche die Religion nur mehr am Rande wahrnimmt, immer mehr nur noch als Mensch, nicht mehr als Amtsträger und schon gar nicht mehr als Angehöriger eines bestimmten privilegierten Standes zu gelten vermag. Dabei verspüren besonders die jüngeren Geistlichen diese Entwicklung als ein brennend existentielles Problem und erstreben daher einen radikalen Abbau jeglicher Klassifizierung zugunsten der persönlich engagierten Leistung des einzelnen für die Gemeinschaft in Kirche und Welt. Damit ist selbstverständlich jeder Privilegierung der Boden entzogen, zumal man sich zunehmend darüber klar wird, daß das geistliche Amt in der Vergangenheit weitgehend die äußeren soziologisch faßbaren Formen der jeweiligen Epoche angenommen hatte, so daß in seiner konkreten Gestalt noch viele Elemente ständischer oder gar obrigkeitsstaatlicher Art fortleben, welche die heutige Gesellschaft nur noch mit Argwohn betrachten kann. Eine ungute Standesideologie, welche sich auf die Dauer innerhalb wie außerhalb der Kirche verhängnisvoll auszuwirken begann und ihre letzten Triumphe sogar in den Konkordatsabschlüssen dieses Jahrhunderts feiern konnte, als hätte niemand, auch auf seiten des staatlichen Partners nicht, diesem Verhängnis Einhalt gebieten wollen, dürfen oder können, hatte sich ja vor allem deswegen ausbilden können, weil eine Gruppe aus ihrer „theologischen" Verschiedenheit überspitzte Ansprüche in peripheren Bereichen abzuleiten gewohnt war. Diese Forderungen, wie wir ihnen noch heute im Buchstaben des Konkordats begegnen, machten die als unwandelbar ausgegebene Verschiedenheit von wandelbaren äußeren Faktoren abhängig, ja, sie suchten ihr Heil in einer von außen kommenden und damit gewiß nicht genuin kirchlichen Sicherung. So mußte denn der Staat dazu herhalten, Vorrechte der Gruppe mit seinen Mitteln durchzusetzen, was gerade einer wesentlich auf den Dienst in der („kenotischen") Kirche ausgerichteten und lediglich von daher sinnerfüllten Gruppierung nicht angemessen sein konnte. Ein solches Vorgehen erscheint heute aber untragbar, und werde es auch noch mit allen Mitteln verteidigt: Wenn es schon eine neutestamentlich fundierte Verschiedenheit geben soll, dann möge sie im Dienen (Mt 20, 26 f) begründet werden, nicht aber in einem – vom Staat oft genug noch durch Privilegien garantierten – Herrschenwollen, um überhaupt noch glaubhaft wirken zu können. Der nicht unwichtige Hinweis, daß „Dienst" nun aber nicht allein ethisch zu verstehen ist, sondern strukturell verankert sein muß, um eigentlich effizient zu werden, sei hier noch einmal ausgesprochen: wir haben an anderer Stelle unserer Untersuchung bereits davon gesprochen.

Und noch eins: Wer annehmen zu müssen glaubt, mit dem Verzicht auf Privilegien falle das Amt als solches, der sei darauf aufmerksam gemacht, daß seine systemblinde Argumentation in ihrer Defensivmentalität am Wesentlichen vorbeigeht; denn der Amtsträger wird immer – und künftig noch in ungleich größerem Maße als bisher – ein Mensch sein, welcher unter Vernachlässigung privater Wünsche das Engagement für den Gemeindedienst nach Maßgabe seiner speziellen Berufung übernommen hat. Allerdings ist mit dieser grundsätzlichen Feststellung die Frage noch nicht beantwortet, ob nicht die konkrete Ausformung ebendieses Engagements wandelbar sein müsse. Nun scheiden sich aber gerade in der Beantwortung dieser Frage die kirchlichen Geister. Dabei könnte man doch mit Fug und Recht von der Annahme ausgehen, daß das Amt einen bestimmten „Zeichencharakter für das Eigentliche in der Kirche" (K. Rahner) hat, und daraus folgern, daß all das, was heute noch so „zeichenhaft" an diesem Amt zu sein scheint, der beinahe exklusive Anspruch auf den Erbbesitz des Geistes etwa, die ständige Berufung auf formale (Lehr-) Autorität und gesellschaftliches Ansehen, der fast durchgängig angepaßte Lebensstil der andere zum Verzicht ermunternden Funktionäre und Kirchenbeamten (wir nehmen uns selbst nicht aus, im Gegenteil!), das ideologische Prestiggedenken, kurz, das typisch „Klerikale", im wesentlichen amts-fremd bleiben muß und deswegen ein Zerrbild des Berufes ergibt. Man könnte des weiteren folgern, daß demgegenüber allein völlig gewandelte Formen des geistlichen Amtes eine echte Überlebenschance haben werden: der biblisch „aufgefächerte" Dienst nämlich, welcher grundsätzlich so offen für alle sich anbietenden Charismen ist und bleibt, daß er, im Gegensatz zu den bislang gewohnten Engführungen, deren in Jahrhunderten geübte Einseitigkeiten zur Zeit die Rechnung präsentiert bekommen, und dies zu Recht, weder Einschränkungen in bezug auf das Geschlecht (Ausschluß der Frau vom geistlichen Amt!) noch auf die Lebensform (Zölibat), weder in bezug auf die Vorbildung noch auf den Haupt- bzw. Nebenberuf machen muß.

Wem das alles noch spanisch (oder gar anti-römisch) vorkommt, der sei, auch auf nichtkirchlich-staatlicher Seite, gebeten, mit zu überlegen, ob der heutige Mangel an Priestern, wie er immer wieder kolportiert und suggeriert wird, nicht doch nur ein Mangel an Amtsträgern nach der bisher geläufigen und sogar konkordatär abgesicherten Vorstellung ist, während auf der anderen Seite gewisse Berufungen eher im Wachsen sind. Es sei nur an die zunehmende Zahl von „Laientheologen" erinnert, wie sie die Hochschulplaner immer wieder in Erstaunen versetzt, da man doch allgemein mit einem Niedergang der Theologie zu rechnen scheint und nun plötzlich vorgerechnet bekommt, daß die katholisch-theologischen Fachbereiche sich durchaus nicht vor vielen anderen zu verstecken brauchen, auch wenn die Zahl der sogenannten „Priesteramtskandidaten" ständig abnimmt. Wer nun immer diese Entwicklung ernst zu nehmen sich bemüht (auch den Politikern stünde dies nicht schlecht an!), der wird sich auch der Folgerung nicht verschließen können, daß dieser Wandel im geistlichen Amt auf die Dauer gesehen ein völlig neues Berufsbild mit sich bringen wird, welches, unter anderem natürlich, auch die konkordatären Abmachungen der Jetztzeit illusorisch macht, zumal ein geistliches Amt, das seine Zeichenhaftigkeit auf andere Fundamente als die erwähnten stützen will, von sich aus auf Absicherungen im bisherigen Sinn verzichten kann: Es bedarf weder des strafrechtlichen Schutzes für sein „Gewand" noch der „Entpolitisierung" von Rechts wegen noch der Gewährleistung seines Amtseinkommens noch der Freistellung vom Wehrdienst noch sonstiger „Privilegien", es ist von Grund auf anders strukturiert, und seine Verfechter können die bisherige juristische Umzäunung mittelalterlicher Vorstellungen durch staatliche Gesetze allenfalls als historische Verirrung betrachten. Ob diese Auffassung aber nun auch die der von den anspruchsvollen Führern im Gehorsam erzogenen „Gefolgschaft" sein oder zumindest werden mag?

2. Geduldige Gefolgsleute
oder: Kann man in allen Schulen der Nation nur das Gehorchen lernen?

Manch einer wird sich fragen, weshalb hier überhaupt noch von den Nöten der „Gefolgschaft" in der Altkirche die Rede sein muß. In der Tat hatten wir bereits mehrfach Gelegenheit, auf einige der spezifischen Ausprägungen altkirchlicher Zeichenhaftigkeit für die moderne Gesellschaft hinzuweisen: auf die Sucht des „Klerus" etwa, sich sein Dienen nach wie vor ohne größere Abstriche honorieren zu lassen, und sei es vom neutralen Staat; auf die baren Unfähigkeiten dieser Elitetruppe, wirkliche Ansätze in Sachen „Demokratisierung" überhaupt wahrzunehmen, geschweige denn daraus zu lernen; auf das peinlich wirkende Gouvernantentum seitens derer, die ihr Schäfchen bereits im Trockenen der eigenen Karriere haben und durch ein Ernstnehmen der Basis nur an „Einfluß" verlieren könnten; auf die neuerlichen Versuche, sich und die eigenen repristinierten Ansprüche auf dem Umweg über die „Transzendenz" und den „kollektiven Glaubensakt" einzuschmuggeln; auf die Tatsache, daß die Basis auf die zynischste Weise, nämlich mit Hilfe einer im eigentlichen undurchschaubaren „Theologie" und ihrer in Formelkompromissen gesuchten Vermengungen von Glaubensformen und Anpassungsrelikten, aus den Entscheidungsprozessen herausgehalten und bewußt als „schweigende Mehrheit" kultiviert wird, der es noch nicht einmal gelingen konnte, ihre Vorstellungen zur Kirchensteuer, zur Konfessionsschule und zum Religionsunterricht oder zum Zölibat gegenüber den amtlichen „Vorausinterpreten" und ihrer Lehre vom „irrigen Gewissen" durchzusetzen; auf die damit verbundenen Bemühungen, durch ebenso simple wie schreckliche Vereinfachungsmechanismen in der wahren Lehre eine größere Fügsamkeit zu erreichen, und was es an amoralischen Ungeheuerlichkeiten im Gefolge der prinzipiellen Verknüpfung von gepflegter Unwissenheit und geforderter Geduld noch mehr geben mag.
Gleichwohl wird unseres Erachtens das allgemeine Interesse der Öffentlichkeit, welche jene so oft zu verniedlichen geruhen, ja auch das politische Wollen der Mehrheit der Staatsbürger hierzulande dafür sprechen, im folgenden noch auf einige weitere Details im „Verhältnis" aufmerksam zu machen und damit nicht zuletzt auch verschiedene spezifische Unfreiheiten und Entfremdungen offenzu-

legen, welche den sogenannten „katholischen Bevölkerungsteil", dazu noch ohne eigentliche Not, betreffen. Diese Beschäftigung mit den „Schulen der Nation", der Bundeswehr, den Universitäten und den übrigen Ausbildungsstätten, wird allerdings nur in dem Bewußtsein vorzunehmen sein, daß es sich um bloß vorübergehende, wenn nicht im eigentlichen bereits von innen her überholte Problemstellungen handeln kann, zumal sich gerade im zunehmend emanzipierten Bildungsbereich die Tatsache einer schleichenden Auszehrung des amtskirchlichen Einflusses von ehedem, die vor allem in der Isolation des kirchlichen Autoritätsverständnisses von der neuzeitlichen Freiheitsgeschichte (J. B. Metz) begründete Identitäts- und Legitimationskrise der Altkirche überhaupt, auf breitester Front am deutlichsten zeigt, und dies, obwohl (und vielleicht gerade weil) hier die juristischen Absicherungen besonders stark sind.

a) Uniformierte Christen
oder: Was hat sich seit der Reichswehr geändert?

Das bereits angesprochene Territorialprinzip weicht im Bereich der „Militärseelsorge" einem funktional bestimmten und personal ausgerichteten Seelsorgsdienst: Die Kirche möchte damit in einer durch ihr berufliches Wirken besonders geprägten Personengruppe präsent sein. Da sie zudem dieses ihr Wirken in der Bundeswehr lediglich als einen Teil ihrer Gesamtseelsorge verstanden wissen will, ist mit dem Staat vereinbart worden, daß dieser seine Mitwirkung lediglich auf die Einräumung eines gewissen „Freiraumes", in dem sich diese spezielle Form religiöser Erwachsenenbildung vollziehen kann, beschränkt: Der ausschließlich kirchliche Auftrag der Militärseelsorger, fernab jeder staatlichen Weisungsgebundenheit, ist damit auf das glücklichste gewährleistet.
Geht man nun allein von dieser immer wieder mit viel gutem Willen vorgetragenen Theorie aus und achtet man weniger auf die tatsächliche Lage und die Konkretionen der Theorie, so könnte man allen Ernstes das „Verhältnis" zwischen Staat und Kirche auf diesem Sektor für theologisch wie juristisch beispielhaft problemlos und sogar für ausgesprochen „moralisch" halten, weist es doch jeder der beiden „Mächte" ihren angestammten Platz im Gesamtsystem zu. Eine solche Einschätzung der Situation fällt außerdem um so leichter, als man bei näherer Betrachtung unschwer feststellen wird, daß sich bis in

Details hinein in der Tat Erscheinungen bei beiden „Mächten" nachweisen lassen, welche schon deswegen einen ungestört reibungslosen Ablauf der „Menschensorge" an der Berufsgruppe der Soldaten zu gewährleisten scheinen, weil sie sich in frömmster Harmonie beinahe vollständig decken oder zumindest recht gedeihlich ergänzen.

Diese Eintracht ist allein schon an der ungehinderten historischen *Kontinuität* abzulesen, welche es ermöglichte, daß sich eine Struktur der Militär-Seelsorge, welche in ihren Grundzügen, in ihrer Tendenz zur Instrumentalisierung der Religion wie in ihrem Drang zur Exemtion von der „ordentlichen" Seelsorge zugunsten einer möglichst perfekten Integration in die militärische Hierarchie nämlich, seit der obrigkeitsstaatlichen Epoche festgelegt war, selbst ohne besondere Rücksicht auf deren Desavouierung durch die Ereignisse der ersten Jahrzehnte unseres Jahrhunderts bis zum heutigen Tag erhalten konnte, als spräche nun wirklich nichts „Christliches" gegen eine derart innige Verbindung von Kaserne und Altar. Unter den gegenwärtigen Umständen in der Altkirche wird man tatsächlich auch nicht viel für eine konsequente Trennung der zwei „Gewalten" anführen können, im Gegenteil: Die innere Affinität zwischen beiden, wie sie immer wieder recht deutlich zutage tritt, (man denke nur etwa an gewisse vordemokratische Neigungen zum Führertum, an den Hang zur Indoktrination oder an so manches Technokratengerede zum Zwecke der Systemstabilisierung hier und dort), spricht eher für die Ansicht, Militär und Kirche gehörten aufs engste zusammen, ja, sie seien in ihren Wesensstrukturen gar konnatural. Manchmal erscheint die gegenseitige Identität sogar derart perfekt, daß man der (vielleicht älteren) Kirche nur dazu gratulieren kann, daß es ihr offensichtlich gelungen ist, ihre eigenen Vorstellungen auf eine so glückliche Weise zu exportieren und den paulinischen „Kampf Christi", kaum umfunktioniert, versteht sich, auf einem ganz bestimmten Gelände austragen zu lassen, auf welchem es sich nämlich (für sie) lohnt: auf der Spielwiese des altkirchlichen „Systems". Wir hatten dieses bereits gekennzeichnet durch den Hinweis auf all das, was sich da so fröhlich tummeln darf: auf die besonderen Tugenden nämlich, welche wie diejenige der Loyalität, der Treue, des Gehorsams, der Disziplin und wie sie immer heißen mögen (sie sind in diesem Falle ohnehin beliebig austauschbar!), die Totalabsorption erst so richtig schön machen; auf die Neigung zum Großgouvernantentum, welches Untergebene bis in Einzelheiten zu reglementieren sucht, und sei es nur, um durch Kodifikationsmanien die „Uniformität" gewährleisten zu können; auf die „Hierarchien" überhaupt, die von vornherein ein Prinzip gesunder Substitution aufrechterhalten und die Unterordnungen bzw. Privilegierungen schon aus der Kleidung ersichtlich machen müssen; auf die grundsätzliche Furcht vor Abweichung („Häresie"), welche Systemgegner, und seien sie es aus Gewissensgründen, nur eliminieren kann; auf die Abneigung gegen alles Oppositionelle, das aus dem „Block" ausscheren könnte; auf die peinliche Sorge um die wahre Lehre; auf die Angst vor wirklich systemverändernden Strukturen und die Versuche, etwaige Konflikte eher privatistisch-individualistisch als prinzipiell aufzufangen, sowie auf das fast durchgängige Fehlen von demokratisch legitimierten Gremien.

Man könnte an dieser Stelle zumindest versuchen, *Parallelen* auf militärisch-politischem Gebiet zu suchen, und würde vielleicht auch fündig: Es sei nur an einige wenige Beispiele erinnert, welche die Gefahr als solche aufzeigen, daß typische Gettohaltungen, wie sie einer den Anspruch auf Totalabsorption verfechtenden Organisation drohen, auch beim Militär vorkommen können. Wird nämlich nicht auch auf soldatischem Terrain zur Stabilisierung des eigenen Systems ein gewisses „Geschäft mit der Angst" betrieben und etwa das im Freund-Feind-Verhältnis mitbegründete Klischee des „Anti-Bolschewismus", wie man es bezeichnenderweise seit langem aus der kirchlichen Rüstungspropaganda kennt, mit Hilfe einer bestimmten Abendlandsromantik überstrapaziert? Was ist in diesem Zusammenhang von all den Reden um den sittlich „gerechten Krieg" oder von den entsprechenden Inhalten des „lebenskundlichen Unterrichts" in der Bundeswehr zu halten? Wie steht es um die Systemgegner aus Gewissensgründen, wie sie etwa in der Person des Kriegsdienstverweigerers in Erscheinung treten können? Gilt dieser nicht nach wie vor als eine besonders zu begründende und eher geduldete als begrüßte Ausnahme, der Dienst mit der Waffe hingegen, so aporistisch es auch immer um ihn bestellt sein mag, als Normalfall? Werden nicht auch allzu viele Tugenden nur deswegen einseitig betont, weil sie in den allgemeinen Verhaltensrahmen zu passen scheinen, während andere als „Verunsicherung" des Militärs interpretiert werden? Dabei ist mit diesen Überlegungen noch keineswegs die Ausnahmesituation erfaßt, sondern allein der alltägliche Status – und doch vertieft sich der unangenehme Eindruck, daß derlei normale „Auswüchse" geradezu symptomatisch für einen bestimmten Sonderstatus in der

Gesellschaft zu werden drohen, für eine Fremdkörpersituation, die Altkirche und Militär miteinander zu teilen haben werden und die in der Institution der „Militär-Seelsorge" nach bisherigem Muster fast mit Händen greifbar gemacht ist. Daß sich Lehre und Praxis der Altkirche bei diesen Vorgaben an Gemeinsamkeit zusätzlich noch als besonders systemstabilisierend erweisen müssen, versteht sich jetzt von selbst: Die Religion läßt sich ja nun denn auch seit langem – und im Gefolge der Restauration der geretteten „Retter" nach 1945 von neuem – ganz im Sinne der „geistigen Rüstung" als Absicherungsfaktor der Herrschaftsverhältnisse einplanen, die Militärseelsorge, deren Geistliche Bundesbeamte sind, wird schon aus Gründen der gemeinsamen Loyalität und Disziplin kaum die Kampfkraft schwächen, und die Verzichtspolitik ist ohnehin hier wie dort in den besten Händen, nämlich abgewürgt von ebendiesen, und dies, um des Systems willen, auf beiden Seiten gleichermaßen perfekt.

So ist es denn auch völlig müßig, sich bei so viel Euphorie noch mit Kleinigkeiten aufzuhalten, mit solchen gar, welche die Grundthese von der „Amoralität des Verhältnisses" wieder einmal bestätigen könnten. Aus diesem Grund nehmen wir auch gar nicht die Einwände einiger weniger, die sich des Grundgesetzes erinnern oder die besondere (Außenseiter-)Vorstellungen von der Kirche haben, auf. Wer wollte sich auch schon zu der Einsicht bekennen, daß die gegenwärtige Regelung der Militärseelsorge, nach der vom Staat besoldete Geistliche als Staatsbeamte beim „lebenskundlichen Unterricht" missionarisch oder mit vom Staat bezahltem Sakralgerät in vom Staat unterhaltenen Kultstätten liturgisch tätig sein können, einer vom Staat entgegen seiner verfassungsmäßigen Pflicht zu religiös-weltanschaulicher Neutralität und zur Wahrung der Freiheit der Religionsausübung in eigener Regie betriebenen Religionspflege, dazu noch ausschließlich zugunsten der beiden Großkirchen, recht nahekommt? Wird sich zudem jemand zu der Auffassung bekennen, der neutrale Staat habe sich durch die Forderung nach einer Gleichgestaltung der katholischen und der evangelischen Militärseelsorge, welche der letzteren, in streng ökumenischem Geist, sogar unter Vernachlässigung synodaler Strukturen, wie W. Huber zu Recht festgestellt hat, so etwas wie „hierarchische" Formen bescherte, an der Festlegung innerkirchlicher Gefüge beteiligt? Wer wird schließlich der Meinung sein, die derzeitige Regelung der Militärseelsorge gehe wieder einmal von der verfassungsrechtlich nicht gerade unbestrittenen Auffassung einer „Partnerschaft zwischen zwei Hoheitsmächten" aus? Nein, all dies kann und darf nun wirklich nicht gefragt werden, es sei denn von schlappen Nestbeschmutzern, die selbst nie „gedient" haben und lediglich ein Interesse am Nachweis von „Unmoral" in den Grundfesten des „Verhältnisses" von Militär und Seelsorge haben, oder von denen, welche die völlig unbegründete Meinung vertreten, derlei Regelungen suggerierten ein verkürztes Evangelium und eine einseitige Vorstellung von der Kirche. Das sind dann solche Leute, die das falsche Bewußtsein, daß dort, wo die Kirche strukturell so fest verankert ist wie in der Bundeswehr, einfach nichts Amoralisches passieren könne, aufspüren und entlarven sowie darauf hinzuweisen wagen, daß das Evangelium Jesu Christi wie die Urtradition des Christentums durchaus auch als „gewissensverunsichernd" verstanden werden dürften. Aber, wie gesagt, wer solches vertritt, schwächt die Kampfkraft und gefährdet die innere Moral der Truppe. Er täte wirklich besser daran, zur Hebung der wahren Sittlichkeit im Stil früherer Kriegspredigten, wie sie H. Missalla erforscht hat, Christi Soldatentod wieder ins Gespräch zu bringen oder Hitlers Endsieg mit Ostern zu vergleichen, schon um der Lösung des Dauerproblems aus dem Weg zu gehen, mit Hilfe welcher Strukturen denn die Kirche nun wohl am besten dem Sog der Identifikation mit den partikulären gesellschaftlichen Interessen, d. h. in diesem Fall mit denen des Militärs (genauer noch, mit denen der höheren Militärs), widerstehen könnte, um ihr grundsätzlich nicht identifizierbares Evangelium, vom „Frieden" diesmal, verkünden zu können.

Nimmt man aber gerade diese Frage etwas ernster, als es die Berufsverteidiger des Status quo zu tun gewohnt sind, so könnte man daran denken, die bislang für so viele Mißverständnisse in Staat und Kirche mitverantwortlichen Organisationsformen der exemten Berufsmilitärseelsorge rigoros zu verändern und etwa den von allen Religionsgemeinschaften frei bestellten und bezahlten Beauftragten im Sinne des Grundgesetzes die Möglichkeit zur Betreuung der Soldaten außerhalb der Dienstzeit, aber in der Kaserne, zu eröffnen bzw. die (Getto-) Soldaten überhaupt grundsätzlich der „zivilen" Seelsorge in den Ortspfarreien anzuvertrauen. Die Sorge des Staates um den Status der Militärgeistlichen als „Geheimnisträger", welcher er nur unter Einweisung derselben in den (disziplinarrechtlich zu belangenden) Beamtenstatus begegnen zu können geglaubt hatte, fiele damit allerdings der höherrangigen verfassungsmäßigen Freiheit der ungehinderten Religionsausübung zum Opfer. Doch auch die Kirche hätte ihre Opfer zu bringen: Die (nach unserem erstgenannten Vorschlag) neu entstehende katholische „Personalpfarrei" könnte von allem Anfang an (und ohne spätere Entwicklungen abzuwarten) exemplarisch demokratisch strukturiert und an die Ortsgemeinde rückgebunden werden, um den kasernierten Sonderstatus des „uniformierten Christen" und seiner Gruppe nach Möglichkeit abbauen zu helfen. Gleichzeitig wäre an eine spezifische Ausbildung der künftigen Seelsorger zur besseren Vermittlung der „anderen" Moral (Verzicht, Verunsicherung) für das Militär sowie an die Einrichtung von gleichberechtigten Dienststellen für die Alternative „Kriegsdienstverweigerung und Ersatzdienstleistung" zu denken. Ob aber die Altkirche zu einer solchen Änderung ihres Bewußtseins und zu den genannten Konsequenzen bereit ist, bleibt unter den gegebenen Umständen der Identität von Militär und Seelsorge mehr als fraglich. Ein ähnlicher Mangel an Einsicht läßt sich auch bei denjenigen beobachten, welche es sich immer noch leisten zu können glauben, selbst die theologischen Fachbereiche nicht aus ihrem Bastionendenken auszunehmen.

b) Gelenkte Wahrheitssucher
oder: Forschen die Theologen in einem besetzten Land?

Artikel 19 des Reichskonkordats regelt ein Zweifaches: Er garantiert zum einen den Bestand der katholisch-theologischen Fakultäten an den staatlichen Universitäten und umschreibt anderseits deren „Verhältnis zur kirchlichen Behörde". Will man sich also mit dem geltenden Recht und dessen eventueller Reform auseinandersetzen, so tut man gut daran, auf ebendiese Doppel-Regelung, welche wir – im Gegensatz zu ziemlich vielen innerhalb wie außerhalb der Kirche – für ebenso unterscheid- wie trennbar halten, zu achten: Nur so kann man nämlich für den Fortbestand der Universitätstheologie votieren, ohne gleichzeitig die bisherige Form ihrer Bindung an das Amt, ihr „Verhältnis" also, welches wir in seinen gegenwärtigen Perversionen wieder einmal nur für amoralisch halten können, auch für die Zukunft postulieren zu müssen. Diese unsere Behauptung gründet nun vor allem auf dem Versuch, die gewohnte Vermengung des theologisch-wissenschaftlichen Anspruchs und seiner rechtverstandenen Bindung an die Kirche mit den derzeit zu beobachtenden altklerikalen Begehrlichkeiten, welche die ursprüngliche Berechtigung depravieren und auch nach außen hin den Eindruck verstärken mußten, die kirchengebundene Theologie habe die Reste ihrer Freiheit eingebüßt bzw. an einige nicht der Wissenschaft Verpflichtete abgetreten, zu durchschauen und aufzulösen.

Um von vornherein allen (selbst den gewollten!) Mißdeutungen zu begegnen, sei somit gleich zu Beginn festgehalten, daß es so etwas wie eine theologische Wissenschaft gibt, ja geben muß (und das sagen wir nicht, um unseren Lehrstuhl zu retten), und daß man sich durchaus auch so etwas wie eine Orientierung dieser Wissenschaft an der Gemeinde der in der Gesellschaft von heute Glaubenden, sozusagen ein „erkenntnisleitendes Interesse" (J. Habermas), vorstellen kann (und das sagen wir nicht, um unseren Lehrstuhl zu gefährden). So kann man also daran denken, der Theologie schon wegen ihres gesellschaftspolitisch-öffentlichen" Charakters ihren Platz im Gefüge der Wissenschaften zu belassen. Dies mag durchaus in dem Bewußtsein geschehen, daß gerade sie, die „kenotische" (was nicht bedeutet, die „getto-hafte"!), im eigentlichen kein „Recht" auf eine solche Stellung hat, sondern allenfalls durch Qualität darum werben kann (eine Werbung, die allerdings kaum von etwaigen „Priesterseminaren" ausgehen dürfte), und das Auge in Auge mit der ständigen Gefahr, daß die vertraute Vorstellung von einer „universitas litterarum" als solcher heute zunehmend verblaßt, ja daß die „Wissenschaft" schlechthin immer weniger in der Lage zu sein scheint (war sie es je einmal?), den Kriterien zu entsprechen, wie sie – meist im Affront gegen die „unwissenschaftliche" Theologie – in Richtung Voraussetzungslosigkeit, Profanität und Unabhängigkeit von wissenschaftsfremden Interessen festgelegt worden sind.

Tritt man nun, im Wissen um diese viel grundsätzlicheren und allgemeineren Gefährdungen der Universität überhaupt, für die Notwendigkeit einer interdisziplinären Kooperation ein, ohne die keine Wissenschaft, die Theologie schon gar nicht (es sei denn im „Seminar"!), mehr leben kann, will sie sich nicht freiwillig in die wissenschaftsfremde Isolation begeben, und klammert man aus dieser Kooperation – durchaus im Sinne der Mehrheit an den Hochschulen – auch die Theologie nicht aus, so ist damit doch noch lange nicht gesagt, wie die konkret heikle Frage nach einer kirchlichen Bindung dieser Wissenschaft zu beantworten sei. Man wird zwar davon ausgehen dürfen, daß all die vorschnell-dümmlichen Antworten (und kämen sie von kirchlicher Seite), die Universitätstheologie sei ausschließlich dazu da, mit staatlicher Subvention „Priester" durch ebensolche ausbilden zu lassen (was sich schon an der Zusammensetzung des Professorenkollegiums, an den „Lehrinhalten" und am Prüfungsverfahren wie -stil ablesen lasse), und gerade deswegen sei sie besonders fest an das System der „Oberpriester" zu ketten, nicht das letzte Wort unter Denkenden darstellen; doch wird man darauf hinzuweisen haben, daß sich auch jene Theologie, und werde sie an der Universität erforscht und gelehrt, in ein hoffnungsloses Getto hineinmanövrieren muß, die meint, sich von der hoffenden wie enttäuschten Gemeinde der jeweils Glaubenden isolieren und die Kirche gleichsam nur von außen als „Objekt" ihrer Forschung und Lehre betrachten zu können.

Im schmerzlichen Wissen um die erschreckende und in der Öffentlichkeit noch kaum bewußt gewordene Tatsache, daß das Theoriedefizit und der daraus resultierende Mangel an vernünftiger Praxis zwischen den wahrheitssuchenden Theologen und den die Wahrheit schon besitzenden Amtsträgern noch keineswegs beseitigt ist (wir sprachen bereits davon), wird man zudem wenigstens einige Vorüberlegungen für eine anfanghafte Bereinigung dieses „Verhältnisses" anschließen dürfen: So wäre etwa im Anschluß an K. Rahner daran zu denken, ob man nicht jetzt schon unter den gegebenen Umständen einer sich auf Pluralismus hin wandelnden und zunehmend komplexeren Welt, gegenüber deren „Offenheit" die Aufstellung und Aufrechterhaltung so relativ simpel strukturierter Normen wie zu Zeiten eines geschlosseneren Weltwertsystems eben kaum mehr möglich, geschweige denn legitim erscheinen muß, darauf verzichten sollte, formale Autorität überzustrapazieren und beckmesserisch auf der Wahrung bestimmter Prinzipien um ihrer selbst oder um der (einseitigen?) Tradition willen zu bestehen. Könnte man sich nicht eher darauf beschränken, selbst wenn es den machtgewohnten Trägern des Lehramts (die doch alle nur Schüler von Professoren waren und sind) unüblich erscheinen sollte, „gefährliche" Forscher, welche im Zeitalter der vorläufigen Ergebnisse und der wissenschaftlichen Arbeitshypothesen noch immer der Ansicht huldigen, allein ihre Meinung sei apodiktisch-infallibel zu interpretieren, und damit einer „Professorenkirche" den Weg ebnen, welche sich in nichts Wesentlichem von der „Lehramtskirche" bisheriger Prägung unterscheidet, auf die wissenschaftliche Unhaltbarkeit und menschliche Unklugheit ihres Vorgehens, welches sich sehr bald zugunsten des zukünftig wirklich Beständigeren von selbst erledigen könnte, aufmerksam zu machen? Freilich setzte dieser Vorschlag voraus, wollte er sich überhaupt realisieren lassen, daß sich die kirchlichen Amtsträger selbst einmal die Mühe machten, Auswege aus ihrer selbstverschuldeten Lernunfähigkeit (L. Hoffmann) zu suchen, und davon Abstand nähmen, spät zwar, doch noch nicht zu spät, möglichst viele Strukturelemente des Glaubens und der Disziplin der Altkirche ohne Rücksicht auf deren „Notordnungscharakter" zu divinisieren und Vorstellungen wie Informationen, welche nicht zum eigenen Selbstverständnis zu passen scheinen, ohne Auseinandersetzung auf administrativem Weg abzuwerten. Nur auf dem Hintergrund solcher Vorleistungen mag es dann auch der Mehrheit der Amtsträger gelingen (oder vielleicht auch nur ihrer Minderheit?), ein wenig Verständnis dafür aufzubringen, daß all die wissenschaftlichen Versuche seitens der Universitätstheologen, die sich positiv werbend um neue Interpretationen bemühen, und dies nicht selten in eben der auf die Heutigen so attraktiv-charmant wirkenden Art engagierter Distanz, nicht unbedingt zur Schadenfreude aller Außenstehenden mit so etwas ans Lächerliche Grenzendem wie dem (bei den deutschen Verhältnissen ohnehin unwirksamen) mittelalterlichen „Kirchenbann" verfolgt zu werden brauchen, und auch nicht mit den subtileren Mitteln geistlichen Zwangsrechtes, wie sie neuerdings an dessen Stelle zu treten drohen.

Dieser Hinweis gibt uns die Möglichkeit, zur bedrückenden Vergangenheit und Gegenwart *alltäglich-theologischer Wahrheitssuche* an den Universitäten der Bundesrepublik zurückzukehren, bevor wir uns vollends ins Schwärmen verlieren. Wir wollen in diesem Zusammenhang jedoch noch nicht einmal die spektakulären „Fälle", wie sie uns auf Schritt und Tritt begegnen, anführen, nein, es reicht zur Begründung unserer Ansicht, die Universitätstheologen lebten in einem von gewissen Kreisen der Altkirche „besetzten" Land, völlig aus, auf ein paar Beispiele aus dem „durchschnittlichen" Verfahrensleben aufmerksam zu machen, bar jeder Wehleidigkeit übrigens, um das auch hierin prinzipiell amoralische „Verhältnis" charakterisieren zu können. Oder was ist eigentlich unter Demokraten davon zu halten, daß aufgrund einer vom neutralen Staat geduldeten oder diesem von seiten altkirchlicher Scharfmacher, denen auf staatlicher Seite weder ein Politiker noch ein Jurist gewachsen zu sein scheint, oktroyierten Interesseninterpretation geltendes Recht ausgesprochen extensiv (und damit zugunsten ausschließlich der Amtskirche!) ausgelegt zu werden pflegt, so daß etwa – immer unter Berufung auf den Gesetzesbuchstaben und ohne jeden Ansatz zur Reform oder wenigstens zur Kritik und Gegenäußerung – der Kreis der an der Universität Lehrenden und damit die Möglichkeit eines (wohlbemerkt bischöflichen!) „Vetorechtes", welches noch nicht einmal öffentlich begründet werden muß und damit Tür und Tor für Dunkelmänneralüren öffnet, bis hin zur Wissenschaftlichen Hilfskraft ausgeweitet werden kann? Ist wirklich, auch von der Basis her, nichts dagegen einzuwenden, daß aufgrund solcher und ähnlicher Verfahrensregelungen – streng nach Artikel 19 des Reichskonkordats, versteht sich – den prinzipiellen Nicht-Demokraten demokratieähnliche Vorrechte eingeräumt werden, mit Hilfe derer sie schlichtweg alles nicht in das System Passende (man beachte das gewählte Neutrum!) zu eliminieren suchen dürfen? Handle es sich nun um Frauen oder um Nicht-Priester (man denke nur an das verfassungswidrige Verbot der sogenannten „Laienhabilitation"), um „Progressive" (von einem Veto gegen konservative Hochschullehrer wird man wohl nie etwas hören) oder um Priester, welche von nichts anderem als von ihrem (vom Staat im übrigen zu schützenden) Grundrecht auf Ehe und Familie Gebrauch machen wollen und die dafür (!), in einer geradezu pervers anmutenden Mischung von Glauben und Sexualneurose, mit Entzug ihrer Existenz, die sie sich als Wissenschaftler aufgebaut haben und nicht etwa als Zölibatäre, bedroht zu werden pflegen, und das unter Inanspruchnahme staatlich beflissener Handlangerdienste?

Begründete etwa allein das letzte Beispiel nicht schon unsere These vom grundsätzlich unmoralischen Verhältnis zwischen Staat und Kirche, zumal es den Staat dazu zwingt, gegen seine eigenen Grundrechte zu verstoßen und demütig einen innerkirchlichen Rechtsverstoß nachzuvollziehen, welcher darin besteht, daß neuerdings eben auch verheiratete Priester, und seien sie es mit dem Segen der Kirche zu ihrer Heirat, keine Universitätslehrtätigkeit mehr ausüben dürfen? Wäre es nicht angebrachter, gerade dieses Problem einseitig erfolgter Rechtsetzung auf staatlicher Seite genauer zu überdenken und – im Sinne der Freundschaftsklausel des Artikels 33 Reichskonkordat – eine gemeinsame Lösung herbeizuführen, die den Schutz der betroffenen Staatsbeamten gewährleistet und zugleich vor der Öffentlichkeit und nicht nur vor dem jeweiligen „Katholischen Büro" zu rechtfertigen wäre? Spricht denn wirklich alles gegen die Auffassung, daß staatlich bedeutsame Rechtsfolgen (Entzug des Lehrstuhls an der katholisch-theologischen Fakultät und Abschiebung des Verheirateten an eine Fakultät, an der es noch mehr seiner Art geben wird, nämlich in Ehren verheiratete Forscher) nicht derart simpel mit innerkirchlichen Vorgängen, die im übrigen auch in der Kirche so umstritten sind wie die gegenwärtige Zölibatsgesetzgebung und deren Systemmauseloch, die sogenannte „Laisierung", verknüpft werden dürfen, daß selbst der Verfassungsgrundsatz der Gleichheit, wie ihn der Staat zu sichern hätte, aufgrund innerkirchlicher Vorschriften, wie sie in der „gottgewollten" Unterscheidung zwischen „Klerikern" und „Laien" vorliegen, ständig umgangen werden muß? Ja, man wird zu fragen haben, ob derlei römische Vorschriften, welche allenfalls noch einer binnenkirchlichen „Seminarvorstellung" und dem Denkhorizont ihrer Vertreter hierzulande angemessen sein dürften, denn überhaupt in diesem Ausmaß für eine Gesellschaft und einen Staat wie den unseren, den eine völlig andere Universitätsstruktur auszeichnet, verbindlich gemacht werden können und ob es nicht schon längst an der Zeit gewesen wäre, eine Klärung auf dem Weg einer Verfassungsklage herbeizuführen.

Im übrigen bietet sich in bezug auf die Studierenden der Theologie dasselbe Bild der weltoffenen Kirche: Studien-, Promotions- und Habilitationsordnungen sind mit so vielen subtilen Mitteln der Absicherung von Rechtgläubigkeit angereichert, daß man ohne grundsätzliche Neuordnung der Konkretionen „wissenschaftlich-theologischer Bindung an die Kirche" nicht auskommen wird, zumal sich auch nach wie vor ein nicht gerade geringer Teil der Fachbereichsmitglieder selbst als fünfte Kolonne der Amtskirche verstehen zu müssen glaubt. Vielleicht wird es nicht zuletzt deswegen nur auf dem Weg über eine öffentliche Diskussion (als Ergänzung des Prozeßweges) gelingen, den Mißbrauch kirchlicher Macht auf diesem Gebiet abzustellen, und dies schon allein deswegen, um zu gewährleisten, daß theologische Promotionen auch dann durchgeführt werden können, wenn sich in der im übrigen nach wissenschaftlich zweifelsfreien Grundsätzen gestalteten Dissertation „häresieverdächtige" Sätze finden sollten oder der Promovend gar das Pech hat, für ein theologisches Fach nur ein Prüfungszeugnis einer konfessionell abweichenden Fakultät vorweisen zu können. Wesentlicher Bestandteil einer öffentlichen Diskussion müßte es wohl aber auch sein, sich allen Ernstes mit einer bislang noch immer im Verborgenen gehaltenen Alternative zur Universitätstheologie zu beschäftigen, wie sie in manchen Köpfen herumspukt und das Heil der Kirche darin suchen zu müssen glaubt, daß unter Verzicht auf die ständig zu Querelen neigende Universitätstheologie eigene Hochschulen ohne staatliche Finanzierung und ohne Promotionsrecht gegründet werden, an denen dann der Kreis der übriggebliebenen treuen Lehrer und Studierenden vereint auf das Absterben der Universitätsfakultäten warten könnte. Wir stehen nicht an, diese Möglichkeit auf das wärmste zu empfehlen: Sie eignet sich schon deswegen aufs beste für einen Versuch, weil sie dem bisherigen Kirchenverständnis ungleich besser angemessen ist als das gegenwärtige Modell. Im übrigen wäre damit ein wirklicher Schritt auf eine Bereinigung des unmoralischen „Verhältnisses" hin getan und die bisherige Zwitterstellung des beamteten Theologen und Priesters an der Universität zugunsten wirklich freier Wissenschaft und wirklich freien Glaubens hier wie dort aufgehoben.

Abschließend darf in aller Kürze noch auf ein weiteres Problem verwiesen werden, welches die Stellung künftiger Universitätstheologie als eines *in relativer Freiheit* von amtskirchlichen Übergriffen lebenden und erst damit so recht ernst zu nehmenden Gesprächspartners auch erschweren könnte: die parlamentarisch beinahe ungehemmt erscheinende Sucht so mancher Bischöfe und Kultusminister, immer neue theologische Fachbereiche, und geschähe dies aus Gründen der Parität oder zur Vermeidung einer wie immer gearteten Statusminderung der Kirche, zu „gründen" oder doch aufzuwerten, als stellte es heutzutage wirklich ein besonderes Ruhmesblatt für die Theologie und eine öffentlich wirksame Unterstützung ihrer Belange dar, wenn jedem Duodezbistum „seine" Universitätsfakultät zugestanden wird, an der sich dann schließlich der einzelne Lehrer um den einzelnen Hörer streitet. Es wäre wirklich zu überlegen, ob sich nicht eine strenge Konzentration der Universitätslehre in Forschung und Praxis auf bestimmte in Qualität wie Quantität begründete Schwerpunkte, wie sie sich bereits heute abzuzeichnen beginnen (und das beileibe nicht nur in Bayern!), nahelegen könnte, um das erwähnte Grundanliegen zu verfolgen, die Theologie überhaupt als Institution noch an der staatlichen Universität zu halten. Vielleicht wäre eine solche Lösung des Gesamtproblems auch ganz im Sinne derjenigen Steuerzahler innerhalb wie außerhalb der Kirche, die sich schon lange Gedanken darüber machen, ob man nicht auch in Sachen Geld von der Kirche mehr als die derzeitige „Moral" erwarten dürfte. Wir werden im folgenden auf ebendieses Problem eingehen.

3. Moralisten in Sachen Geld
oder: Wer trägt eigentlich die Folgen?

Wie sehr die an sich recht nüchtern wirkende und im eigentlichen
doch wohl auch wirklichkeitsnahe Frage nach den Finanzen der Kirche immer noch dazu angetan ist, verborgene Emotionen gegenüber
dem Fragenden zu entbinden, als sei schon sein Ansinnen unange-
messen, und dies ausgerechnet inmitten des Wirtschaftssystems, in
dem wir leben, braucht wohl nur den wenigen nachgewiesen werden,
die sich selbst von derlei Unfug unberührt halten konnten: ansonsten stößt man gerade in diesem Bereich kirchlicher Heilssorge wirklich zur Genüge, hier wie dort, bei Gegnern wie bei Befürwortern
des Status quo, auf so wunde Stellen der Sachargumentation, daß
es einem selbst schon schwer genug fallen muß, sich über all die vielfältigen Ideologien und die entsprechenden Verdächtigungen hinaus
und ohne Rücksichtnahme auf die naheliegenden gefühlsbetonten wie
subjektiv eingefärbten Beweisgänge zu so etwas wie der „Rationa-
lität" zu bekennen.
Verstärkt wird diese verwirrende Bewußtseinslage nun noch durch
eine merkwürdig anmutende Erfahrung, die man bei näherer Beschäftigung mit dem Gegenstand sehr schnell machen wird: daß die
vordersten Plätze der Beweisführung ausschließlich von Juristen besetzt zu sein scheinen, welche das auch für Nicht-Juristen nicht gerade unwichtige Problem schon deswegen als erledigt zu betrachten
gewohnt sind, weil sie scharfsinnig-kasuistisch und keinen Widerspruch von seiten derjenigen duldend, die andere Verfahrensweisen
vorschlagen wollen, nachgewiesen haben, wie verfassungskonform,
wie gesetzestreu, wie historisch begründet dies alles bei uns geregelt
sei. Es dürfte nicht verwundern, daß gegenüber einer solchen Argu-
mentationsweise, welche in geradezu imperialismus-verdächtiger Manier beinahe alle anfallenden Fragestellungen und ihre Begrifflich-
keiten für sich und die innere „Richtigkeit" der eigenen Lösung reklamiert, die ungleich bescheideneren Ansätze anderer Wissenschaften
kaum eine Chance haben: Wer das Recht auf seiner Seite hat, muß
denn wohl auch die Moral gepachtet haben; wer versucht, am Recht
zu rütteln (oder wenigstens an all dem, was man seinen „Umkreis"
nennen könnte), hat neben der Beweislast (auch so ein unschlagbarer
juristischer Begriff!) auch noch das Odium einer gewissen „Amoral"
mit sich herumzutragen. Vielleicht liegt in dieser Tatsache, ganz ab-

gesehen von der fast durchgängig ungeklärten Frage nach dem Zusammenhang von Glaube und Recht oder nach deren prinzipiellem Auseinanderfallen (?), die Beobachtung mitbegründet, daß sich eine speziell theologische Argumentation in Sachen Geld so verloren ausnimmt, und das nicht allein deswegen, weil sie so beklagenswert selten vorkommt, sondern auch weil sie mit ihren Glaubensbegründungen ständig gegen das geltende Recht zu verstoßen scheint.

Einigen Mut, in die so uneinnehmbar wirkende Domäne all der Rechtsgelehrten, deren feste Burg ihr eigenes Gesetz ist und bleibt, einzudringen und das derart wacker und zu Recht Bestehende zu hinterfragen, könnte einem Vertreter des Kirchen-Rechts (welcher es gleichsam von Berufs wegen mit beidem zu tun hat, und dies in der ständigen Gefahr, seine „Kirche" eben auch nur ausschließlich unter „rechtlichen" Gesichtspunkten besehen zu wollen!) allenfalls noch das erkenntnisschwere Wort des Juristen G. Radbruch machen, nach dem ein guter Jurist nur derjenige sein kann, welcher schlechten Gewissens Jurist ist. Und ebenso sei es denn: mit ausgesprochen schlechtem Gewissen wollen wir fragen, wer denn nun eigentlich die Folgen der altkirchlichen Ansprüche zu tragen habe, welche Folgen dies im einzelnen seien und worin sie sich denn begründen ließen.

a) Verfassungstreue Schuldner
oder: Hat sich die Kirche etwa auf Rentenbasis enteignen lassen?

Verstünde man mit Hilfe wirklich schlüssiger Fakten und exakter Zahlen den Nachweis zu führen, in welchem Ausmaß die Kirche zur Gläubigerin des Staates, ja weshalb dieser überhaupt zum Schuldner jener werden konnte und diese Tatsache selbst noch in der eigenen Verfassung bestätigt finden mußte, so ließe sich das „Verhältnis" der beiden noch einmal um einige ausgesprochen pikante Einzelheiten anreichern: etwa durch die Feststellung, daß „er" noch heute für die Unbill zu zahlen hat, die einer seiner Vorgänger „ihr", der alten Dame, damals angetan hatte, als das frühere Liebesverhältnis, welches „sie" – mit einigen „seiner" Vorgänger wiederum – unterhalten hatte und das nicht ohne (materielle) Folgen geblieben war, abgekühlt zu sein schien. So interessant also ein solch detaillierter Nachweis zu werden verspräche, so aussichtslos erscheint er angesichts der gerade auf diesem Gebiet recht üppig wuchernden Dunkelziffern, welche vielleicht sogar nicht einmal durch eine Zusammenstellung aller staatlichen Leistungen an die Kirche, wie sie in den Haushaltsplänen des Bundes, der Länder und der Gemeinden ausgewiesen sind, oder durch einen Überblick über die solchen Leistungen zugrundeliegenden Rechtstitel, sofern diese überhaupt noch erhebbar sind, ganz ausgeleuchtet werden können. Es bleibt uns deswegen nicht viel anderes als der vorinformierende Hinweis darauf, daß sich Leistungen des Staates an die Kirche erkennen lassen in der Form von Sach- und Geldzuwendungen, von Baulastverpflichtungen und von Zuschüssen zur Besoldung kirchlicher Bediensteter sowie als sogenannte „negative" Staatsleistungen in der Form von Steuer- und Gebührenbefreiungen für die Kirche. Nicht erwähnt werden können in diesem Zusammenhang trotz ihrer nicht gerade geringen Größenordnung (die Schätzungen bewegen sich um etwa eine Milliarde pro Jahr) und trotz ihrer im einzelnen nicht unbestrittenen Rechtsgrundlagen all die sonstigen Zuschüsse des Staates etwa zur Militär-, Bundesgrenzschutz-, Anstalts- und Polizeiseelsorge, zu den Kirchentagen, zum Religionsunterricht, zum Unterhalt der theologischen Fakultäten, zu den konfessionellen Privatschulen und überhaupt zu den Unternehmungen der Kirche auf dem großen Feld des „Sozialen".

Die meisten der genannten Leistungen gehen nun auf besondere Rechtstitel zurück, welche ihrerseits vor allem auf der rechtlich wie moralisch begründbaren Verpflichtung beruhen, die im Lauf der letzten Jahrhunderte (Reformation, Reichsdeputationshauptschluß) mehrfach enteigneten Kirchen angemessen zu „entschädigen". Die Verteidigung des gegenwärtigen Zustandes hat damit gerade an diesem Punkt angesetzt: Da es – überaus einsichtig – „unmoralisch" ist und bleiben muß, die Kirche als eine auf das übernatürliche Heil der Menschen ausgerichtete Gemeinschaft auf solche Weise in ihrem weltlichen Besitz zu schädigen, ist der Staat um des Rechtes und um des eigenen Gewissens willen dazu verpflichtet, Buße zu tun, und dies auch in klingender Münze, bis zum heutigen Tag zumal, denn auch die Weimarer Reichsverfassung und das Grundgesetz wollen es so und nicht anders.

Wer sich nun gegenüber einer solch knappen und einleuchtenden Entschädigungsthese und der hinter dieser stehenden Gesinnung der kollektiven Schuld und Buße daran wagt, auf einige bisher – wenigstens in der Kirchenöffentlichkeit – eher verheimlichte Beweisgänge aufmerksam zu machen, darf dies natürlich nur im ständigen Bewußtsein seiner Böswilligkeit und seiner auf dem Hintergrund solch heller

Moral um so dunkler erscheinenden prinzipiellen Amoralität tun, zumal seine bescheidenen Überlegungen noch nicht einmal den Anschein der Richtigkeit haben können und eigentlich nur überflüssig sind. Dabei wollen wir gar nicht einmal die Frage aufwerfen, weswegen die Kirche nicht auch noch für frühere Enteignungen aus ihren ersten Jahrhunderten entschädigt werde, zumal wohl auch diese ein solches Schuldverhältnis mit der Bundesrepublik begründet haben könnten. Wir fragen auch nicht, so verlockend dies wäre, nach den Ersatzleistungen für andere Enteignete, die im Laufe der Jahrhunderte vielfaches Unrecht zu erleiden hatten und doch nicht entschädigt werden konnten, weil sie eben nicht das Glück hatten, eine Kirche zu sein und als solche diplomatisch vertreten zu werden. Wir gehen also nicht auf das vielfältig verworrene und in Schuld wie in Unschuld verknüpfte Leiden der Menschen ein, aus dem sich allem Anschein nach nur eine Institution wie die Kirche, die ihrerseits ja niemanden zu entschädigen hatte, da sie niemandem Leid zugefügt hatte, mit Gewinn lösen konnte. Wir geben allenfalls zu bedenken, daß es einen recht merkwürdig anmuten könnte, feststellen zu müssen, und dies beinahe durchgängig, daß das Sinnen der Kirche gerade in der Neuzeit vor allem darauf gerichtet zu sein schien, „wie" (und nicht etwa „ob") sie ihre finanzielle Liquidität von einem Jahrhundert ins nächste transportieren könne. Seltsam mutet in diesem Zusammenhang auch die Beobachtung an, daß bei diesem durchaus ehrenhaften Unterfangen der altkirchlichen Lobby sowohl die Historie, wenn auch nur die passend-privilegierte, in einem Maße bemüht zu werden pflegt, daß man wirklich meinen könnte, kirchliche Tradition setze im Jahr 1803 und nicht etwa beim Jesus der Evangelien an, als auch eine Juristerei ständig zu Ehren kommen darf, welche von ebendiesem Evangelium nur noch das anzuerkennen bereit scheint, was mit der eigenen Doktrin vereinbar ist. Von daher ist es einsichtig, daß sich die Befürworter des gegenwärtigen Systems ihre Legitimation vor allem von Gesetzen und Paragraphen herholen und bereits den Ansätzen zu der Frage, wo eigentlich christliche Tradition ihren unaufgebbar lebendigen Anfang habe und ob dieser nicht sogar das geltende Recht in seinen tiefsten Dimensionen zu richten wisse, so verständnislos begegnen müssen.

An dieser Stelle zeigt sich wieder einmal das Grundproblem in seiner ganzen Schärfe: die verschiedene Sicht von „Kirche", welche Abgründe zwischen den Absicherungs- und den Verzichtstheologen und -politikern aufreißen muß, Abgründe zumal, die sich mit juristischen Argumentationsfiguren allein kaum je auffüllen lassen werden, da sie unseres Erachtens in einem schrecklichen Theoriedefizit, in einem noch furchtbareren Vergessen des christlichen Grundansatzes, in der Verdrängung wie bewußten Ablehnung jeglicher wirksamen „Erinnerung" an das Leben und Sterben Christi begründet sind. In einer solchen Situation ist es deshalb nur bedingt hilfreich, an das Rechtsgefühl der Juristen zu appelieren und darauf hinzuweisen, daß selbst das Grundgesetz eine bescheidene Ablösungspflicht zu kennen scheint, so daß der gegenwärtige Zustand, nach dem aus den Entschädigungsleistungen mehr oder weniger fortlaufende Rentenzahlungen geworden sind, kaum so verfassungskonform ist, wie man es von staatskirchenrechtlich interessierter Seite allzu gern darzustellen pflegt. Den Erinnerungen solcher Art kann nämlich immer wieder auf juristische Weise begegnet werden: Die Ablösungspflicht bestehe nur für die vor dem Jahr 1919 begründeten Leistungen, und im übrigen sei sie schon deswegen zeitlich kaum mehr als dringlich oder gar als von der Verfassung geboten anzusehen, weil sie schon so lange aufgeschoben worden sei. Zudem beabsichtige das Grundgesetz überhaupt weniger, eine Ablösung durchzusetzen, als vielmehr diese Staatsleistungen wirksam zu garantieren und weitere Säkularisationen unmöglich zu machen.

Diesen so unangreifbaren Beweisgängen, welche eine Verewigung, wenn nicht sogar eine Divinisierung des eigentlich ablösungsreifen Zustandes intendieren und sich in diesem frommen Bemühen, die gesetzgeberischen Unterlassungssünden in ein positives Wollen und Handeln der Legislative zugunsten der Kirche umzudeuten, weder durch abweichende höchstrichterliche Entscheidungen noch durch den Hinweis auf in der Wurzel veränderte Verhältnisse beirren lassen, entspricht – wie sollte es auch anders sein? – die völlige Untätigkeit der in der Altkirche Verantwortlichen, denen ein Belassen im Urzustand nur gelegen kommen kann und die nach aller einschlägigen Erfahrung nicht die geringste Anstrengung unternehmen werden, diese ihre Pfründen aufzugeben, zumal ihnen zu allem Überfluß noch ein Mitspracherecht verbrieft worden ist (Artikel 18 des Reichskonkordats).

Vielleicht müßte man demgegenüber, schon um aus dem *juristischen Getto* herauszukommen, in aller Öffentlichkeit wirklich nur daran erinnern, daß es durchaus keine theologisch von vornherein nur als zweitrangig einzustufende, wenn auch recht böswillig anmutende

Ansicht darstellte, der Kirche wieder einmal mehr einen grundsätzlichen Verzicht zuzumuten, und sei sie hundertmal im unangefochtenen Recht. Man könnte sogar erneut darauf hinweisen, daß es selbst biblische Traditionen gibt, welche in diese Richtung weisen (Phil 2, 4–8 braucht zwar in diesem Zusammenhang nicht genannt zu werden!), ja, daß solcherlei „Entschädigungen" juristisch durchaus passabel und dennoch theologisch mehr als fragwürdig sein können, und dies nicht zuletzt im unaufgebbaren Kontext all der inhumanen Schadens- und Leidenshäufigkeiten, die uns Menschen angehören. Wem aber selbst diese Überlegungen noch zu weit gehen, wem nun schon wieder Worte wie „Gerechtigkeit" und „caritative Notwendigkeiten" einfallen, der möge wenigstens einer öffentlichen Diskussion über die spezifisch „christlichen" Haltungen der wohldotierten bundesrepublikanischen Ortskirche angesichts der ungelösten Fragen nach der Herkunft des kirchlichen Einzelvermögens hierzulande und nach der zumindest moralischen Verpflichtung der Kirche, auch ihrerseits „Entschädigungen" für ihre eigenen Amoralitäten anzubieten, zustimmen: stellt sich im Laufe dieser Diskussion wirklich heraus, daß der gegenwärtige Zustand durchweg moralisch unanfechtbar und von allen Christen gegenüber den übrigen Bürgern zu vertreten ist, so kann die Glaubwürdigkeit der Altkirche auf diesem Gebiet zweifelsfrei – und vor aller Augen – als erwiesen gelten. Daß ein solch „theologischer" Aufweis, dem auch eine aktuell gesellschaftskritische Komponente nicht schlecht anstünde, sich in der gegenwärtigen Überflußgesellschaft nicht gerade übel ausnähme, wird aufgrund der sich anschließenden Überlegungen zum leidigen Thema der Kirchensteuer wohl noch etwas deutlicher werden können.

b) Gesellschaftskritische Kapitalisten
oder: Macht Reichtum wirklich frei?

So lohnend es erscheinen mag, nun allen Einzelheiten eines Problems nachzugehen, das für die einen gar keins ist, für die anderen jedoch das Problem Nummer 1 zwischen Staat und Kirche hierzulande, so aussichtslos muß ein solches Unternehmen anmuten in einem Land, in welchem Armut weder „mystische Heimat noch Station zum Klassenkampf mehr ist" (H. Böll), und inmitten eines Volkes, dessen eigentliche „Währungsreform" wohl im gewinnträchtigen Austausch der billigen und abgegriffenen Münze ebendieser Armut gegen das gängige Gold einer erschreckenden Konsumentenmentalität, die zu allem Überfluß noch immer von so vielen „Christen" für die zugkräftigste all der scheußlichen Wahlkampfparolen gehalten zu werden pflegt, bestanden hat. Schließen wir dennoch einige Reflexionen über die „Kirchen-Steuer" (welch ein entlarvendes Wort!) und über die Möglichkeiten oder Unmöglichkeiten des totalangepaßten Systems an, unter den gegebenen Umständen so etwas wie eine Souveränität zurückzugewinnen, welche einer christlichen Kirche auch auf diesem Gebiet durchaus zukommen könnte, so tun wir dies bestimmt nicht in der Pose eines wie immer gearteten „Wächteramtes", welches beanspruchen könnte, sich dem allgemeinen Trend entzogen zu haben. Gleichwohl wird von einem gesellschaftskritischen Ansatz her – und in Trauer über die eigene Verstrickung – darauf aufmerksam gemacht werden dürfen, daß verschiedene Details im gegenwärtigen Finanzgebaren der Altkirche gegen die von dieser selbst favorisierte Meinung sprechen müssen, das gegenwärtige System sei als unüberbietbar und irreformabel geglückt anzusehen.

Wir wollen in diesem Zusammenhang noch nicht einmal auf die *juristischen Unsauberkeiten* des staatlichen Kirchensteuereinzugverfahrens eingehen, obgleich diese für nicht wenige ein besonders krasses Beispiel für die verfassungswidrige Verflechtung von Staat und Kirche in der Bundesrepublik darstellen. Diese Einzelheiten können hier nicht behandelt werden, so fragwürdig sie sein mögen. Wir nennen also weder die problematische Steuerprivilegierung bestimmter Religionsgemeinschaften auf Kosten anderer noch die nicht minder zweifelhafte unbeschränkte Abzugsfähigkeit der Kirchensteuer von der Einkommen- und Lohnsteuer (die den Staat jährlich etwa eine Milliarde kostet); wir gehen weder auf die Verpflichtung der Arbeitgeber ein, mögen diese nun kirchlich gebunden sein oder nicht, die Kirchensteuerbeträge der Arbeitnehmer grundsätzlich einzubehalten und abzuführen, als seien sie Handlanger bestimmter Kirchen, noch auf die Möglichkeit von eigens ausgehandelten Steuersondertarifen für Spitzenverdiener. Wir sprechen auch nicht von all den Gerichtsurteilen, wie sie in der letzten Zeit gegen die Kirchen erfochten werden mußten, denen ein freiwilliger Verzicht auf derlei ja nicht einmal aus christlicher, geschweige denn aus demokratisch fundierter Motivation heraus zuzumuten war, von Gerichtsurteilen, welche offensichtliche Verfassungswidrigkeiten gebrandmarkt und abgestellt haben. All diese „Randerscheinungen" des Systems, so schlimm sie im einzelnen sein mögen, verweisen ja lediglich auf das viel tiefer liegende Problem einer Kirche, welche es nicht zu bemerken scheint, wie sehr sie sich aufgrund ihrer grundsätzlichen Vorentscheidung für ein bestimmtes Modell in einer auf der ganzen Welt einmaligen Weise mit dem Reichtum identifiziert hat und es schon deswegen nie wieder wagen darf, für sich und ebendieses System die evangelische Tradition oder die Zukunft zu beanspruchen.

Man wird sich also wieder einmal auf „theologische" Weise dem Gestrüpp dieser Fehlidentifikationen zu nähern haben. Im Wissen um die prinzipielle Schwäche einer solchen Argumentation, die ihrerseits ja jederzeit durch eine bessere Theologie entkräftet werden könnte (nur müßte diese erst einmal vorliegen!), muß man demnach zu bedenken geben, daß die Kirchensteuerfrage nicht als technokratisch lösbares Problem verstanden werden darf, so daß lediglich das Auf und Ab der sogenannten „Hebesätze" diskussionswürdig wäre, sondern viel grundsätzlicher als bisher an die gesamtkirchlichen Ursprünge und Ziele rückgebunden werden müßte. Unter dieser spezifischen Interessenperspektive werden dann weniger irgendwelche Gründe der „Wirtschaftlichkeit" (zur Rechtfertigung des gegenwärtigen Einzugsverfahrens etwa) ausschlaggebend sein als vielmehr die Beantwortung der Frage nach der „inneren Richtigkeit" des deutschen Modells. Vielleicht stellte es sich dann immer deutlicher heraus, daß es eben um diese „Stimmigkeit" ziemlich schlecht bestellt ist: Man denke nur an die historische Dimension des Problems oder an die gesellschaftliche Basis der zerbröckelnden „Volkskirche", nur an die detailliert unstimmigen Umgangsformen der Altkirche in Sachen Demokratie oder an das prinzipielle „Verhältnis" dieser Kirche zum Staat. Wir wollen diesen Unrichtigkeiten kurz nachgehen.

Was die Geschichte des Problems betrifft, so sollte man sich von allem Anfang an davor hüten, diese erst im 19. Jahrhundert einsetzen zu lassen und über der lauten Entrüstung über die Säkularisation die noch ältere Tradition, welche in die Zeit Jesu zurückreicht, zu vergessen. So schiene es etwa recht nützlich, sich offen mit den alttestamentarischen Vorgängen und der prophetischen Kritik daran wie mit deren Auswirkungen auf die heutige Situation auseinanderzusetzen. Ebenso wirkungsvoll wäre eine Beschäftigung mit den paulinischen Gedankengängen zum Thema Geld und noch mehr mit dessen eigener Verzichtshaltung (1 Kor 9, 4–23; 2 Kor 11, 7–13; 1 Thess 2, 9), welche – ganz im Gegensatz zu den von amtskirchlicher Larmoyanz begleiteten Erscheinungen unserer Zeit – weder durch Gesetz noch durch Gerichtsurteil, weder durch politischen Druck noch durch Rücksicht auf die öffentliche Meinung erzwungen werden mußte: Der Verdacht des Eigennutzes liegt für Paulus nun eben doch zu nahe, und der Ruhm des „Niemandem zur Last Fallens" wie des damit verbundenen Wagnisses ist ihm doch zu kostbar. Man wird demgegenüber heutzutage auf breitester Front (die wenigen Ausnahmen bestätigen um so deutlicher diese Regel!) nicht die Spur einer Parallele entdecken: Parallelen bieten sich allenfalls zum Handeln der Gegner des Apostels an, welche diesen seinen Verzicht für „unkirchlich" halten, und sei es nur deswegen, weil sie selbst Geld zu nehmen gewohnt sind, um ihres „Dienstes" willen, versteht sich.

Leider hat wohl schon die mittelalterliche Kirche diese Tradition des Verzichts zugunsten ihrer Auslegung des alttestamentarischen Zehntgebots vergessen, so daß von der neuzeitlichen Kirche, welche die Wandlung des feudalistischen Agrarstaates zum bürgerlichen Industriestaat und die damit verbundene Notwendigkeit zur Trennung des politischen und des kirchlichen Finanzwesens aufgrund des Verlustes der politisch-kirchlichen Einheit in den Gemeinden und der Beschränkung der Abgabenpflicht auf Konfessionsangehörige bewältigen mußte, nicht viel anderes erwartet werden kann: Die Theologie beschäftigt sich ebensowenig wie das geltende kirchliche Gesetzbuch mit derlei Flausen. Allerdings kann das letztere auch nicht in so oberflächlicher Weise wie bislang als Basis speziell des deutschen „Steuer"-Systems herangezogen werden, da es allenfalls ein vom Staat unabhängiges und von diesem nicht einzutreibendes Beitragsrecht der Kirche kennt: Die bundesrepublikanischen Zustände, welche den neutralen Staat in der Rolle eines Vollstreckungsgehilfen kirchlicher Ansprüche sehen, sind dem Recht der Gesamtkirche jedenfalls schon seit 1917 fremd. Ähnliches mag auch für die Problematik des Kirchenaustritts aus Gründen der Zahlungsunwilligkeit gelten (ein Problem, welches als typisch „systemimmanent" zu bezeichnen ist, zumal es überhaupt nicht entstünde, gäbe es unser unentrinnbares Kirchensteuermodell nicht). Diese Frage wurde in der Bundesrepublik seitens der Amtskirche in theologisch schlüssigster Weise ja dadurch gelöst, daß man ohne Rücksicht auf divergierende Motivationen oder auf die „Schuldfrage" überhaupt (könnte die Schuld nicht auch auf seiten der Systemverteidiger liegen?) einen Tatbestand konstruierte, welchem ohne Ausnahme (Kirche der Totalabsorption!) nur durch die

Anwendung der Eucharistieverweigerung als einer wohl von sich aus eintretenden Tatstrafe begegnet werden kann: ein Vorgehen, das nach Begründung und Handhabung in unseren Nachbarländern schieres Entsetzen hervorrufen mußte, ein Vorgehen auch, dem man weniger auf dem staatlich vorgeprägten Gerichtsweg als mit theologischer Gegenargumentation und öffentlicher Bloßstellung entgegentreten sollte, zumal der einzelne Austritt selbst die gesamte Institution kaum verunsichert, geschweige denn bedroht, sondern allenfalls die entsprechende Statistik beeinflußt.

Eng verknüpft mit dieser Frage bleibt diejenige nach der *gesellschaftlichen Basis* des gegenwärtigen Systems schlechthin: Wie bereits erwähnt, gibt die amtlicherseits wieder einmal vorausinterpretierte Leitvorstellung von der „Volkskirche" eine immer schwächere Grundlage für das Steuermodell ab, auch wenn die vollen Kassen, welche die aufgrund der Koppelung der Kirchensteuer an die Einkommen- und Lohnsteuer mit ihrem einträglichen Nebeneffekt aus jeder Besoldungserhöhung eher „parasitäre" Stellung der Kirche eben so mit sich bringt, immer noch wie Opium auf die Bischöfe wirken mögen. Die Kirche wäre jedenfalls nicht schlecht beraten, würde sie dieses schwankende Fundament verlassen, welches sich – von den implizierten theologischen Fiktionen einmal ganz abgesehen – zum größten Teil auf Leute stützen muß, die mehr an rituellen Amtshandlungen als an der evangelischen Botschaft interessiert zu sein scheinen; auf Leute auch, welche freiwillig kaum je zahlen würden, gleichwohl aber den Kirchenaustritt – und das wiederum aus nicht gerade theologisch erstrangigen Gründen – scheuen; auf Leute zumal, dis bislang den Verdacht erweckt, sie, die Indifferenten, zahlten für nichts anderes als für ihre eigene Missionierung. Denn über die kirchliche „Caritas" wollen wir doch in diesem Zusammenhang nicht sprechen: Eine genaue und wirklich einsichtige Statistik darüber fehlt, aus welchen Gründen auch immer, nach wie vor, und der in aller Öffentlichkeit erhobene Vorwurf, die kirchlichen Sozialleistungen seien nicht so gewaltig, daß sie das derzeitige Steuerverfahren rechtfertigen, ja, sie betrügen insgesamt – entgegen dem in der Kirchenpresse immer wieder erweckten Eindruck – ohnehin nur etwa 15 % des gesamten Kirchensteueraufkommens und ließen sich deshalb vom Staat allein schon mit Hilfe der durch eine Streichung der Absetzbarkeit der Kirchensteuer als Sonderausgabe von der Einkommen- und Lohnsteuer gewonnenen Mittel ersetzen, ist noch nicht widerlegt.

Dabei wird man doch gerade auf einem so heiklen Gebiet als mündiger Christ und Bürger mehr erwarten dürfen als die gewohnt plumpe Vermengung von caritativer Aushängeschildmotivation und handfestem Absicherungsinteresse an ganz anderen Betätigungsfeldern der Kirche. Zumindest wird der in die Zeit der „Gemeindekirche" hineinwachsende Christ und der in Demokratie besser geschulte Bürger verlangen können, daß man ihm offener als bisher sagt, was genau mit seinem Geld gemacht wird: Die Offenlegung der kirchlichen Haushaltspläne, zunächst erzwungen und dann als Höchstleistung der Humanität unter Demokraten gefeiert, ist da einfach zu wenig, solange es immer noch Zweifel am Funktionieren demokratischer Kontrollorgane gibt und solange es noch immer „Reptilienfonds" zu geben scheint, die es ermöglichen, bestimmte Denkergebnisse bestimmter Bischöfe in Riesenauflagen unter das hoffende Volk zu streuen oder bestimmte Zahlungsschwierigkeiten bei bestimmten kirchennahen Gemeinschaften abseits der Öffentlichkeit zu beheben. Schließlich wird man auch offen danach zu fragen haben, weshalb und inwieweit bestimmte Presseorgane von bestimmten Bischöfen im Stil des Serenissimus, der mit seinem Geld tun konnte, was er wollte, gefördert werden, während anderen Organen ein ähnliches Wohlwollen versagt bleibt; oder weshalb um alles in der Welt Kirchensteuermittel oder Mittel aus Spenden nicht freigeschuldet verteilt werden können, sondern ihre Vergabe durch Prälaten zu erfolgen hat, welche sich dafür, völlig im Stil der so geschmähten Kinder dieser Welt, durch Ehrendoktorate und ähnliche Auszeichnungen honorieren lassen.
Abgesehen von diesen binnenkirchlichen Unstimmigkeiten aufgrund verweigerter Demokratiebedürfnisse müßte man – wir erwähnten es bereits kurz – auch ganz ernsthaft danach fragen, ob denn das gegenwärtige System es der Kirche überhaupt ermöglichen oder gar erleichtern könne, ihrem evangelischen Auftrag treu zu bleiben und diesen etwa in Form engagierter Gesellschaftskritik zu konkretisieren, ohne daß sie sich dauernd und zu Recht vorwerfen lassen müsse, sie lebe im „fremden Haus" dieses Gemeinwesens finanziell gesehen mit Hilfe ebendieses Staates ganz gut und lasse es allenfalls auf Randgebieten zu begrenzten Konflikten kommen, ohne sich je auf eine prinzipiellere Infragestellung auch ihrer finanziellen Privilegierung einlassen zu müssen. Wir sind jedenfalls der Ansicht, daß es der Kirche hierzulande in einem bereits verdächtigen Ausmaß zu gut geht und daß man allzu leicht vergessen könnte, daß Reichtum nicht

unbedingt frei macht, schon gar nicht in einem Land, in welchem „Armut" keinen Stellenwert mehr hat. Wir sind zudem der Meinung, daß die zum Teil recht bedenklich erscheinenden Identifikationen der Altkirche mit der (Steuer-) Macht am ehesten noch durch das Zeugnis dieser Kirche für ihren eigentlichen Ursprung und ihre eigentlichen Ziele abgelöst werden könnten. So müßte etwa das neue Zeugnis der Kirche in der Bundesrepublik im befreienden Aussteigen aus dem so verhängnisvoll korrumpierenden Regelspiel der Wohlstandsgesellschaft im Sinne der „Torheit" von 1 Kor 1, 26–31 und in der Rückkehr zur bleibenden „Angefochtenheit" in dieser Welt bestehen. Vielleicht erleichterte diese Umkehr auch ein wenig die genuin kirchliche Aufgabe, sich nicht mit bloß „permissiven" Formen staatlicher Zuwendung zufriedenzugeben, sondern Staat und Gesellschaft gegenüber ein wirklich „armes" und keinesfalls privilegiert-amoralisches Hüteramt wahrzunehmen, einen Wächterdienst auch, der einer im gleichen Wirtschaftssystem gefangenen Kirche in unnötiger Weise erschwert werden wird.

Übernimmt man diese Vorstellungen – sie wollen nicht den einzigen, aber immerhin einen der möglichen Auswege aus der Sackgasse des Systems zeigen – und verbindet mit ihnen auch noch die Überlegung, daß die von Christen wie von Demokraten zu wünschende Mitverantwortlichkeit des Menschen im gegenwärtigen System blinder Vorausabbuchung vom Einkommen des Steuerpflichtigen nicht gewährleistet erscheint, so ist man einer Änderung des bisherigen Systems nicht mehr so abgeneigt wie bislang. Das trifft selbst dann noch zu, wenn sich diese Änderung nicht in einer Oberflächenrevision nach bewährtem Muster erschöpft und man sich über die Senkung der Hebesätze Gedanken macht (was unter den gegebenen Umständen unverantwortlich ist, da es allein dazu führen wird, Projekte zweitrangiger Art wie diejenigen in den Entwicklungsländern zugunsten der erstrangigen innerdeutschen einzuschränken!), sondern wenn sie aus einer grundsätzlichen Neubesinnung auf das, was man mit dem Komplex „Kirche, Staat und Geld des einzelnen" umschreiben kann, stammt.

Die *gängigen Begründungen* für die Pflicht der Kirchenglieder, ihre Kirche als solche zu unterstützen, und dies nun nicht (wie man es sich aufgrund anderer Erfahrungen ja auch denken könnte) in Form von freiwilligen Spenden, sondern als Steuer, die zudem vom Staat für die Kirche einbehalten und eingetrieben wird, sind ja einsichtig und sind es doch nicht mehr. Sie appellieren an die Vernunft oder

144

an den guten Willen ihrer Adressaten, ohne mit versteckten Drohungen der Unbotmäßigkeit oder gar des Unglaubens zu sparen. Und doch gelingt es ihnen immer weniger, das am historischen Gewissen der Menschen geschärfte Unbehagen auszuräumen. Schwierigkeiten macht ja eine Steuer des Staates ohnehin, und Nöte verursacht auch eine Kirche zur Genüge. Gegenüber einer so engen Verbindung der beiden „Negativwerte" aber muß sich der Unwille geradezu häufen. Eine praktikable Lösung deutet sich nur an, wenn man tiefergehend beide, Kirche wie Steuer, befragt. Deswegen referieren wir im folgenden kurz unseren bereits früher zur Diskussion gestellten Versuch einer Antwort auf solche Fragen.

Wir sind der Ansicht, daß mit „Kirchensteuer" der Zukunft weder eine Steuer im bisherigen Sinn noch ihre ausschließliche Beziehung auf die Kirche und deren Aufgaben im herkömmlichen Verständnis gemeint sein kann. Das alte Modell, über dessen Stimmigkeit wir bereits gesprochen haben, weicht einem neuen: Der einzelne Steuerpflichtige – oder besser: der „Gemeinschaftsverpflichtete" – hat künftig eine rechtswirksame, wenngleich revidierbare Erklärung darüber abzugeben, welche gemeinschaftsgebundene Verwendung seines Geldes er wünscht. Er kann sich dabei zwischen mindestens drei gleichrangigen Möglichkeiten entscheiden, nämlich ob er sein Geld wie bisher der Kirche anvertrauen will (nicht aber muß!) oder ob er es dem Staat für eigens zu fixierende Aufgaben überläßt oder ob er es einem besonderen Fonds (für Aufgaben der Entwicklungshilfe, der Caritas u. ä.) zur Verfügung stellt. Dieses Reformmodell hat für sich, daß es die bisherige Exklusivform kirchlicher Steuer ablöst und sich dennoch nicht in Richtung auf einen blassen Vorschlag, die Kirche solle ein eigenes Beitragssystem einführen, bewegt, sondern konkrete Angaben über dieses „Mischsystem" macht, welches einerseits die Freiheit des einzelnen gegenüber dem Staat wie der Kirche gewährleistet und zum anderen einen „Zwang" zu sozialverantwortetem Verhalten (die geschuldete Summe darf ja nicht mehr für eigene Zwecke einbehalten werden, wie etwa nach einem bisherigen Kirchenaustritt) beinhaltet. Durch seine Entscheidung ist der Christ wie der Bürger den beiden Gesellschaftsmächten Staat und (abgeschwächt) Kirche gegenüber in einem nicht unwichtigen Teilbereich erst eigentlich frei: Er zahlt keine „Steuer" im herkömmlichen Sinn mehr, sondern er beauftragt von Fall zu Fall die von ihm ausgesuchte Institution, unter einer derart individualisiert öffentlichen Kontrolle sein Geld in seinem

Sinn einzusetzen. Es handelt sich also um ein „*Mandat*" (und deswegen nicht um eine leicht nach Drittem Reich klingende „Kultursteuer", sondern um ein Novum, die „Mandatssteuer" eben), um dessen Erteilung geworben werden soll und das unter bestimmten Rechtsförmlichkeiten wieder zurückgenommen werden kann. Die Kontrolle über die Verwendung der Einzelmittel erfolgt nicht mehr wie bisher ganz anonym über ein Parlament bzw. über die Offenlegung der kirchlichen Haushaltspläne, sondern (wenigstens halbwegs) individuell und konkretisierbar, zumal die „Mandatssteuer" bei Unzufriedenheit vom einzelnen ohne größere Beschlußfassung letztlich doch undurchschaubarer Gremien wieder anders verteilt werden kann.

Ein wirklicher Interessenkonflikt zwischen Staat und Kirche könnte nach diesem Modell durchaus entstehen, wenn nämlich die Kirche auch weiterhin von der Vorstellung ausgeht, der Staat verfolge mit seinem Arbeiten ihr konträre Zwecke. Führt die Kirche jedoch durch Selbst- und Fremdreflexion die längst fällige Klarstellung durch, was sie grade als Kirche tun soll und was sie künftig besser zu lassen hat, dann wird sich vielleicht herausstellen, daß so manche gesellschaftspolitisch sicher notwendigen Verwendungsgebiete der bisherigen Kirchensteuer ebenso gut hätten vom Staat besetzt werden können, da sie nicht als spezifisch kirchlich gelten dürfen. Hätte man sich schon früher auf die mutige Einsicht eingestellt, gewisse Gebiete von vornherein dem Staat zu überlassen, ohne gleich wieder von „Monopolen" zu reden, so wären manche Entwicklungen aufgehalten worden, die heute vor aller Augen ablaufen. Wo viel Geld ist (wie in der Kirche der Bundesrepublik), wird es eben auch leichter ausgegeben als da, wo es durch Appelle an den einzelnen und die dauernde Rechenschaftsablegung neu „erobert" sein will. Schreibt man nun aber diese „Mandatssteuer" nach der entsprechenden Diskussion in der Öffentlichkeit, die erst angelaufen ist und bisher allein juristisch-positivistische Argumente, aber keine theologischen erbracht hat, als ein neues Grundrecht des einzelnen fest, um dieses gegen wechselnde politische und kirchliche Konstellationen abzusichern, so wird es unter anderem dazu führen, daß eine etwaige partielle Identifikation mit der Kirche in ihren materiellen Konsequenzen (um die es ja nicht selten geht) nicht im formellen Kirchenaustritt enden muß. Noch mehr: Der eventuelle augenblickliche Verlust an Geld führt ebenso augenblicklich zu einem Gewinn an Freiheit für die kirchliche Gemeinschaft. Es bleibt nur die Frage, ob sich die Altkirche zu einem solchen Tausch bereit finden wird oder ob sie es vorzieht, mit dem Odium der Unfreiwilligkeit und der Unfreiheit aufgrund der Verstrickung in das System auch weiterhin zu leben. Jedenfalls sollte sie es sich aber nicht so leicht machen mit ihrer Verteidigung des Überkommenen und auf das Feld der Bürokratie ausweichen: das bisherige System sei schon deswegen „freier", weil es nicht so viele (Grund-) Gesetzesänderungen mit sich bringe wie das neue und weil jeder aus der Kirche austreten könne, wenn er wolle, während sich dies nach der vorgeschlagenen Änderung nicht mehr richtig „rentiere".

Verharrt die Altkirche aber auf diesem Argumentationsniveau, so vermag sie vielleicht ihr System noch über einige Zeit hinwegzuretten, doch wird es ihr auf ebendiese absehbare Zeit hin noch weniger als bislang gelingen, inmitten des gegenwärtigen Wirtschaftssystems ihre persönliche, unangepaßte, „werbende" Unabhängigkeit zu bewahren. Zudem wird sie sich immer drängender fragen lassen müssen, weshalb sie nicht endlich bereit sei, das Risiko einzugehen und ein Wertsystem bewußt aufs Spiel zu setzen, in dem Erfolg und Besitz die (auch politisch) höchsten Ziele der menschlichen Existenz darstellen – und dies, schrecklich genug, inmitten der sich anbahnenden Zusammenbrüche der Leistungsgesellschaft, von denen diese Kirche, wenigstens in bezug auf sich selbst, noch nichts gespürt zu haben scheint.

Selbstverständlich weist auch diese Prognose (wie die vorangegangenen) in die Richtung blanker Utopien. Wie sollte es ihr auch anders ergehen unter all den vielen ernsthaften „Realisten", die sich in ihrem Besitz von „so etwas" am allerwenigsten stören lassen? Ob man dies alles aber nicht doch als Beweis dafür werten könnte, daß das „Verhältnis" zwischen Staat und Kirche in der Bundesrepublik nicht so moralisch-integer und von allen Christen wie Demokraten verteidigenswert ist, wie man es immer noch darzustellen beliebt? Man könnte sich doch zum mindesten, wenn schon nicht heute, so doch in einiger Zeit, danach fragen. Wem dies aber noch zu wenig ist, der möge mit uns bereits heute überlegen, ob es nicht auch eine revolutionäre Wendung" hin zur Moral geben sollte und könnte.

IV. Revolutionäre Wendung zur Moral

Wer geduldig unserer Darlegung der allgemeinen wie der speziellen Moral bis hierher gefolgt ist, der wird vielleicht auch noch ein wenig Verständnis aufbringen für die einzig sichere Einsicht, die wir bei all unserer Unwissenschaftlichkeit und Böswilligkeit gewonnen haben: Die derart vor allen Augen in ihren subtilen Amoralitäten aufgeschreckte Altkirche und ihre (selbsternannten) Hüter wahrer Sittlichkeit werden auf eine solche „Provokation" nach bewährtem Muster reagieren: entweder in beschwichtigendem Nicht-zur-Kenntnis-Nehmen, zumal ja wirklich alles nur „aufgebauscht" und maßlos übertrieben ist, oder unter Zuhilfenahme ihrer üblichen Kategorien.

So wird man beispielsweise (das Sortiment der Rechtgläubigen ist ja noch viel differenzierter) hören können, nur beklagenswerte „Außenseiter" hätten derlei Ansichten zu vertreten. Man sollte sich nun über einen solchen Vorwurf in einer Zeit, die nach streng biblischem Vorbild daran gewöhnt zu sein scheint, die falschen Propheten und die „Wölfe im Schafspelz" ausschließlich auf seiten der Nicht-Bischöfe zu suchen, nicht wundern. Vielmehr könnte man gelassen antworten, der eigentlich beklagenswerte Zustand sei allein der, eben keiner der „Außenseiter" mehr sein zu können, welche als einzelne die Kirchengeschichte von jeher nachhaltiger mitgeprägt haben als all die nivellierungsfreundlichen Berufschristen. Denn inzwischen seien allzu viele, innerhalb wie außerhalb der Kirche, zu der gleichen Meinung gelangt, ohne diese jedoch artikulieren zu wollen. Nein, Vorwürfe dieser Art sind nun doch zu ehrenvoll, als daß man sie übergehen dürfte: So weit reicht unsere Bescheidenheit nicht, sind wir selbst doch mehr und mehr ergriffen worden vom Gegenstand unserer Überlegungen, von all dem nämlich, was wir bei „unserer" Kirche an Amoralischem haben feststellen müssen.

Viel schlimmer – und entlarvender – ist die Tatsache, daß die Angelegenheit selbst die Altkirche über all ihren Emotionen kalt lassen wird: „Sie", die in allen Jahrhunderten angefochtene und doch immer siegreich gebliebene (schrecklich genug, angesichts all der Unterlegenen, Jesus von Nazaret nicht ausgenommen!), macht sich ihre Hände mit „so etwas" nicht schmutzig. „Sie" kennt dies bereits, „sie" wird – im vollen Recht der Blind- und Taubgewordenen – zur Tagesordnung übergehen; denn wahrzunehmen gibt es wirklich nichts: nicht die grundlegende Tatsache, daß von verschiedener Seite gründlich mit dem falschen Bewußtsein, es gebe da, wo Kirche sei, einfach keine oder allenfalls eine bereits überwundene Amoral, aufgeräumt worden ist. Auch nicht das Faktum, daß dieser Aufklärung zum Trotz immer noch von einer Meute von Spätklerikalen, die ihre nachkonziliare Frustration noch nicht haben überwinden können, der Versuch unternommen wird, einige wesentliche, in der „Totalabsorption" begründete und fröhlich nach dem Prinzip der „Vermengung" von Zeitlosem und Zeitbedingtem ausgestaltete Ideologien aufrechterhalten.

In der Tat lohnt es sich für eine Altkirche, deren Profis es zur zweiten Natur werden konnte, in der Attitüde von „Superstaatsmännern" all den Laien auf dem Gebiet politischen Verhaltens Zensuren zu erteilen, kaum noch, die moderne Gesellschaft und den neuzeitlichen Staat wirklich ernst zu nehmen; denn man ist ja selbst in Sachen Demokratie erfahren genug und benötigt keinen Hinweis mehr auf all die schrecklichen Vorgegebenheiten im eigenen Lager: auf das Unvermögen etwa, sich den demokratischen Herausforderungen unserer Tage ohne Flucht in das warmgehaltene Stübchen des eigenen Dogmas zu stellen; auf das lächerliche Unterfangen, durch prinzipielle Nicht-Demokraten andere die Demokratie lehren und demokratische Grundwerte ungeachtet der allgemeiner werdenden Bestreitung eines moralischen Anspruchs bewahren zu wollen; auf die gewollte Entmündigung der eigenen „Basis" überhaupt; auf die Versuche, spezifisch „katholische" Werte am Gemeinwohl vorbei in die Politik einzuschmuggeln; auf den Anspruch „freier" Trägerschaft im Sozialwesen auch, über deren wirkliche Freiheit wohl erst noch öffentlich zu sprechen wäre; oder auf die gesuchten Abhängigkeiten, wie sie sich immer noch in den „Sittenzeugnissen" für Hochschullehrer (deren übrigen Kollegen wohl keine Moral zu bescheinigen ist) konkretisieren. Selbstverständlich leidet unter all dem auch nicht der neutrale Staat, zumal man mit diesem ohnehin, nicht zuletzt aufgrund einer unglücklichen Partnerschaftsideologie, wie sie selbst noch in schlecht durchdachten und im übrigen nie honorierten Regierungserklärungen aufscheint, in vielfältigen Interessen und Kompromissen (handelt es sich doch um den „selben" Menschen, dem beide „dienen"!) verquickt ist und sich nicht einmal scheut, verschiedentlich noch hinter die Weimarer Verfassung zurückzugehen. Nein, dies alles ist sicher von ebenso hoher moralischer Qualität wie die innerkirchlichen Ansprüche: wie derjenige etwa eines „Wächteramtes", welches sich für eine positive Mitgestaltung des Gemeinwesens, für die demokratische Kärrnerarbeit an der Basis gar als zu gut vorzukommen scheint; wie der Versuch, alle seine noch verbliebenen Energien in die detaillierte Besitzstandwahrung zu investieren; wie das Bemühen, weder auf Privilegien noch auf deren Zweckideologisierung zu verzichten, sondern sich auf Formaljuridismen zu versteifen, unter denen die theologische Aussage verkümmern muß; wie die Haltung, sich für jeden (mühselig genug abgerungenen, nicht etwa freiwillig geleisteten) Verzicht anderweitig schadlos zu halten; wie die Taktik, den Verfall der Volkskirche zu verschleiern, schon um die Vorrechte zu konservieren, welche es in der realistischeren Minderheits- und Diasporasituation eben nicht mehr gäbe; wie der Anspruch auf die „formale" Autorität, die ehedem ohne Sachverstand auskommen konnte; wie das Fehlen von Schuldbekenntnissen; wie das geradezu freudige Ertragen des Jochs der Macht und des Reichtums; wie das Hängen an all den bewährten Mechanismen ideologischer Machtexekution von einst; wie die Unsitte, kirchliche Belange nicht wirklichkeitsgetreu, sondern tabuiert zu sehen und Andersdenkende entsprechend zu diffamieren (Erinnerung an das Dritte Reich); wie die Angewohnheit, inadäquate „Strafen" (Kirchenbann gegen Steuersünder!) zur Systemsicherung aufzuerlegen und diesem Vorgehen gar noch ein „theologisches" Mäntelchen umzuhängen; wie die Lust, das Trennende zwischen den Konfessionen aggressiv zu verfestigen, um die eigene Herde besser beieinander halten zu können; wie die Ansicht, die Rüstung spiele noch immer die klerikale Favoritenrolle, und nicht etwa die Kriegsdienstverweigerung und deren Beratung; wie der neuentdeckt-unglaubwürdige Geschmack so vieler Berufschristen, Bischöfe nicht ausgenommen, die sich gegenwärtig etwa in einer krampfhaft-lächerlichen Suche nach den „Unterprivilegierten" (den „ledigen" Müttern zum Beispiel) hervorzutun belieben; wie die Vorliebe für ausschließlich „moralische" Therapien, denen jede Kraft zur Strukturveränderung abgeht und die die Kirche zur sozialtherapeutischen Entlastungsinstanz (mit gezieltem Blick allerdings auf finanzielle Unterstützung!) herabdrücken; wie die Gewohnheit, die regierungsfreundliche, rechtslastige Eigenpresse zu subventionieren und gleichzeitig die „Linkslastigkeit" der Medien zu beklagen; wie all die vielen „Neutralismen" mit ihrer prinzipiellen Neigung nach der falschen Seite hin oder wie das Verlangen nach „Äquidistanz", welches die eigentliche Nähe zu bestimmten Gruppierungen nur um so deutlicher in Erscheinung treten läßt.

Nein, all diese (fast beliebig noch zu ergänzenden) Erscheinungen können ruhigen Gewissens heruntergespielt werden, auf daß sich der zu beobachtende Abbau von differenzierender Denkfähigkeit in unserer Kirche noch verstärke, zumal das heiße Bemühen etwa der „Katholischen Büros" (welch ein Wort!) um die Fortführung des kalten Krieges vor allem darin zu gipfeln scheint, Richtiges und Falsches im theologischen Argumentationsbrei mundgerecht zu vermengen: Volksfrömmigkeit und Klerikerprivilegien, Finanzinteressen und caritative Belange, Traditionen (seit 1803!) und Unzeitgemäßheiten, Adaptationen (an frühere Zustände) und (neuerdings entdeckte) Weltdistanz, begrenzte Konflikte (§ 218 StGB) und anhaltende Systemvorliebe, Privatisierung und Sakristeichristentum, Martyrerrolle und Geschäft mit der Angst, Priesterstand und Religion. So wird man sich wirklich – nach Meinung dieser derart Besorgten zumindest – als ein der Kirche nahestehender oder gar „praktizierender" Christ daran zu gewöhnen haben, daß der Frage nach dem „Spezifikum" des Christlichen immer noch in die bisherige Privilegierung hinein ausgewichen wird, daß falsche Traditionen dazu herhalten müssen, anderen „Geschichtslosigkeit" vorwerfen zu können, und daß die Sozialismus-Furcht wie die entsprechenden Zweckhysterien eine Art neuer „Staatsreligion" abzugeben drohen, zumal von gleicher Seite ständig vor dem „Vakuum" gewarnt wird, in welches – nach dem Ausscheiden der großartigen Großreligionen von heute – die sogenannten „Ersatzreligionen" von morgen einströmen könnten.

Ist eine solche „Gewöhnung" aber nun wirklich so unerläßlich, wie es unter den heutigen Umständen noch scheint? Oder darf man – mit einiger Hoffnung – von ganz anderen Fakten ausgehen? Von der Tatsache etwa, daß die wahre Kirche diesen Klerikalismus von selbst wie eine lästige Krankheit ausschwitzen wird? Von der Überzeugung auch, daß das Verschweigen des konziliaren Neuanfangs und das entsprechende Abblocken der im Konzil zum Tragen gekommenen unangenehmen Wahrheiten zugunsten des eigenen Status quo eigentlich nicht das letzte Wort der Kirche hierzulande sein dürften? Darf man demgegenüber nicht daran glauben, daß es allein noch einer „Altkirche", nicht aber der Kirche der Zukunft gut anstehen mag, sich (gegenüber den anderen Gruppierungen der Gesellschaft) in die Position der „Bewahrung" drängen zu lassen, welche all die lebendigen Hoffnungen der neuen Gemeinden, wie sie mitten unter uns aufbrechen, schon lange nicht mehr vertreten kann? Darf man nicht mehr darauf hoffen, daß es eigentlich nur weh tun müßte, den Nerv des Evangeliums wiederzufinden, und darf man sich gerade deswegen nicht zu der Meinung bekennen, für einen Christen, der im übrigen nichts von der Larmoyanz der Amtsträger an falscher Stelle hält und auch nichts von deren Leidensverklärung, insofern diese bloß die vom eigenen System Unterdrückten betrifft, sei immer dann besondere Vorsicht geboten, wenn aus dem „Spezifikum" der Kirche deren Privilegierung statt deren Verfolgung abgeleitet werden soll? Kann derjenige denn heutzutage wirklich schweigen, dem die Rede von der evangelischen „Umkehr", sofern sie von denen kommt, die sich ihrerseits fast durchgängig machtkonform verhalten und diese ihre Haltung auch noch unverdrossen „theologisch" verteidigen, nur suspekt (und dies in Richtung „Amoral") vorkommen kann, schon weil solche Leute die „Tugend der Gewaltlosigkeit" just zu dem Zeitpunkt entdeckt zu haben scheinen, an dem die früher Gewaltlosen und die auch gegenüber der kirchlichen Macht absolut Ohnmächtigen einen „revolutionären" Weg einschlagen?

Nein, ein solcher Christ wird ganz gewiß nicht all diese Kameraderien und Kumpaneien decken, schon um denjenigen nicht noch mitzuverraten, welcher eigentlich von allen Systemen, dasjenige Gottes ausgenommen, befreit hat: gerade weil „Seine" Kirche eine zu ernste Sache ist, als daß man sie allein den Bischöfen und deren Reformvorhaben (soweit überhaupt vorhanden) überlassen sollte, wird er aus der gängigen Vorstellung, es ginge bei all dem nicht um den Menschen selbst, sondern um Späße über seine Entfremdung, die man unbeteiligt über sich ergehen lassen dürfte, ausbrechen. Ebendeshalb wird er in geradezu gnadenloser Treue zu den Ursprüngen handeln, wenn auch durchaus beschwert von der heute kaum mehr anzutreffenden Frage nach dem, was denn nun eigentlich unsere Situation von derjenigen unterscheide, welche in der „Fülle der Zeit" anzutreffen war, als sich ein ähnlich frommes System, am einfachen Volk vorbei, hatte etablieren können, ein System zudem, welches ebenfalls nicht dazu zu bewegen war, seine Lehr- und Rechtsprivilegien aufzugeben.

Ist der Christ nun aber zu der Überzeugung gelangt, er müsse prinzipiell handeln, so steht ihm gleichwohl der schwierigere Abschnitt dieser „Wendung zur Moral" erst noch bevor: Zwar wird er sehr bald die beglückende Erfahrung machen, wie viele Gleichgesinnte ihm innerhalb wie außerhalb der Kirche zur Seite stehen, doch wird er mit ebendiesen früher oder später eine Grundsatzdiskussion über Ziele und Methoden der „Umkehr" zu führen haben, soll sich das Engagement nicht wie so viele andere von vornherein an den Bastionen des altkirchlichen Systems totlaufen und sich in den Pseudodemokratismen der Großkirche zum einen wie im narzißstischen „Gemeindchenwesen" auf der Seite der Reformer erschöpfen. Selbst die Erkenntnis, daß es bei der fortschreitenden Erosion der Altkirche im Gegensatz zu früher sogar einer Minderheit gelingen kann, den „Verzichtsprozeß" miteinzuleiten und zu fördern, bewahrt ja nicht davor, daß einige Basisentscheidungen getroffen werden müssen. Solche Entscheidungen werden zwar nicht allen gleich gelegen kommen können, zumal sich auch heute schon wieder die Tendenzen unter den „reformerischen" Gruppen verstärken, nach bewährt altkirchlichem Muster vorzugehen und an die Stelle alter Ideologien neue zu setzen wie der Verpflichtung, die eigenen Voraussetzungen ständig zu überprüfen, zu entlaufen. Bevor man also daran geht, die Bildung neuer Gruppen der kirchen-gesellschaftlichen Reform zu unterstützen und bereits bestehende weiter zu fördern, ja Kommunikations- und Aktionszentren für sie alle zu schaffen, wird man – unter der Voraussetzung natürlich, hiermit nicht schon wieder so etwas wie eine Rechtgläubigkeitskontrolle zu institutionalisieren – offen darüber zu sprechen haben, auf welch geringsten gemeinsamen Nenner sie sich einigen können. Ebenso wird man sich fragen, welcher Gefahren, die in ihrer eigenen Sammlung und deren Motivation begründet liegen, sie sich ständig bewußt sein müssen, um nicht in den letztlich hilflosen „Protest der kirchlichen Mitte" (O. Schreuder) abzuleiten, welche sowohl die „Basisarbeit" aufgegeben hat als auch, von der Amtskirche her gesehen, nichts anderes mehr ist als ein Konglomerat resigniert-kirchlicher Kritiker, die aus der Institution ausgezogen sind und es schon damit dieser erleichtert haben, unter sich – und unter den uninteressierten Konservativen – zu bleiben.

Nur in diesem *ernüchterten Bewußtsein der übriggebliebenen Reformwilligen*, welche sich darüber klargeworden sind, daß es die Zukunft kaum mehr zulassen wird, so dauerhaft geschlossene Lehr- und Rechtssysteme wie bislang zu etablieren, und die gleichwohl ideologieanfällig wie selten zuvor sein wird, seien nun – thesenhaft verkürzt – einige (subjektiv eingefärbte und schon deswegen durchaus diskussionswürdige) Überlegungen über die erwähnten Grundbedingungen des gemeinsamen Vorgehens auf eine neue kirchenpolitische „Moral" hin angestellt. Es handelt sich dabei allerdings um Vorschläge, mit deren Nuancen sich nicht jeder wird so einfach identifizieren können, die aber dennoch mit dazu beitragen könnten, es den konservativen Gruppierungen in Kirche und Staat nicht mehr gar so leicht zu machen, ihre Anhängerschaft eher von der chronischen Zersplitterung der Reformkräfte als von der Attraktivität der eigenen Alternativprogramme her zu gewinnen. Unsere Anregungen bestehen in einem fünffachen „Ja" (mit dem implizierten „Nein", wie sich von selbst versteht):

1. *Ja zu Gott und seinem Sohn Jesus von Nazaret* als dem die Freiheit aller Menschen Verkündenden und Ermöglichenden. Obwohl ohne ein solches Ja der Einsatz für die spezifisch „christlichen" Werte unmöglich sein wird, schließt es doch nicht die Zusammenarbeit mit den nicht-gott-gläubigen Demokraten für eine bessere Welt aus.

2. *Ja zur Kirche*, zumal sich dieses Problem nicht von selbst erledigen wird, wie manche meinen. In diesem grundsätzlichen Ja ist jedoch ein ebenso grundsätzliches Nein zur beschriebenen Altkirche und ein prinzipielles Mißtrauen in deren Reformwillen eingeschlossen.

3. *Ja zur Mithilfe aller Demokraten* in deren ureigenstem Bereich, insofern dieser von spezifisch altkirchlichen Amoralitäten verseucht ist. Dieses Ja impliziert ein Nein zu der Ansicht, kirchliche Belange seien binnenkirchlich zu lösen, wie sie von Politikern vorgetragen wurde, die immer noch davon ausgehen, es gebe innerhalb der Amtskirche demokratische Urgesinnung. Das Ja gründet auch in der Überzeugung, daß kirchenkritische Gruppen, auf sich allein gestellt, in Nabelschau verfallen und gesellschaftliche Analysen wie Reformen vernachlässigen müssen. Das Ja geht auch davon aus, um konkret zu werden, daß es durchaus Sache von Nicht-Christen sein kann, die

Bedingungen für die künftige Kirche mitzugestalten, und dies gegen die gegenwärtige Amtskirche (Jungdemokraten).

4. *Ja zur „Basis"*, entgegen der Meinung, diese sei grundsätzlich der Reform abgeneigt und tendiere früher oder später wieder in Richtung der „legitimen" Autorität.

5. *Ja zur Mithilfe der theologischen Wissenschaft*, ohne deren ständig besorgte Kritik der eigenen Voraussetzungen das Tun zur Pragmatik gerinnen muß. Das Ja schließt ein bewußtes Nein zu einer Schultheologie ein, die – fernab biblischer Grundlegung – lediglich das herrschende System verteidigt. Gleichzeitig ist die Ansicht verworfen, Kirche und Staat könnten ihr „Verständnis" fast ungestraft noch weiterhin auf den Begriffs-Imperialismus der Juristerei von ehedem stützen, ohne sich von der Theologie her korrigieren lassen zu müssen. Ähnliches mag von der „Politik" als solcher gelten, obgleich niemand mehr an die „ancilla" denkt.

Manch einer wird nun vielleicht als sechstes Ja dasjenige zur *„revolutionären Wendung"* vermissen, doch bedarf gerade dieses wohl einer noch ausführlicheren Grundlegung und sorgfältigeren Interpretation. Wir haben also zunächst zu erklären, was wir in diesem Kontext unter „Revolution" verstehen: nichts anderes als die Neugestaltung des „Verhältnisses" nach absolut gesetzten Zielvorstellungen in zeitlich absolut gesetzter Frist. Von „Gewaltanwendung" aber sprechen wir, was manche verwundern mag, in diesem Zusammenhang nicht; denn „Gewalt" als solche ist kein Spezifikum der Revolution, da sie, eng gefaßt, Revolution und Evolution kaum unterscheidet, zumal schon die großen Revolutionen dieser Welt erst in Reaktion auf die „systematische" Macht (Manipulationen, Unterdrückung, Systemverflechtung trotz „Legalität", Ideologien), welche die Evolutionen eher stillschweigend für sich beanspruchen können, gewalttätig geworden sind, um die Selbstbefreiung des Menschen einzuleiten (N. Koch). Wohl aber reden wir von der Neugestaltung des unmoralischen „Verhältnisses", die allem Anschein nach nur gegen die etabliert-parteiliche und prinzipiell an ihr antirevolutionäres System gebundene Altkirche wird durchgesetzt werden können. Wir weisen, nach dieser offenen Bejahung der Ansicht, „revolutionäre" Gewalt sei allein Folge- und Gegengewalt, aber ebenso offen darauf hin, daß – nach unserem Definitionsversuch zumindest – das eigentlich Fatale der Revolutionen in ihren absolut gesetzten Zielvorstellungen, in ihrem geradezu fanatisch sicheren (und gerade deswegen von neuem ideologieverdächtigen)

Wissen also um den paradiesischen Neuzustand, den sie erstreben, und in ihrer kurzatmigen Hoffnung auf eine absolut verfügbare Zukunft (A. M. K. Müller), auf eine von den Revolutionären gar noch selbst erlebbare Zeit, in der alles geändert sein muß, begründet liegt. Zu dieser trügerischen Hoffnung aber, einer Schwester der Resignation übrigens, sagen wir nicht „Ja", denn diese nach Inhalt und Frist absolut gesetzten Sicherheiten sind uns einfach substantiell zu hoffnungslos: Sie ersetzen das etablierte Absicherungssystem durch ein neues, in sicheren Utopien begründetes.

Nun sollte es aber keiner von all den Anhängern der Altkirche, welche das Feuer revolutionärer Gesinnung nur noch vom Hörensagen zu kennen scheinen, wagen, aus dieser vor den immanenten Gefahren der „Revolution" warnenden Aussage Kapital zu schlagen und den „christlich" längeren Atem für sich und seinesgleichen zu reklamieren; denn die spezifische Hoffnung ist so leicht nun doch nicht zu verteilen, und schon gar nicht an solche, die von Systems wegen abgesichert sind. Die einzig legitime Schlußfolgerung aus dieser Warnung besteht nicht etwa darin, vom sicheren Port aus den anderen nicht ohne Schadenfreude bei ihren hoffnungslosen Revolutionsspielen zuzusehen oder dem Übermaß an problemgeladenen Herausforderungen auch weiterhin nur mit Bewältigungsdefiziten zu begegnen, ohne sich nur im geringsten auf gewagt überraschende Konfliktformulierungen, auf all die Möglichkeiten kreativen Denkens und Lebens einlassen zu müssen. Vielmehr geht es allein um das Wagnis, das selbstmörderische Regelkreisdenken der Ideologen, seien sie nun revolutionär oder reaktionär verdorben, mit all seinen als zeitlos betrachteten und ausgegebenen Zielvorstellungen zu durchbrechen und, unter Mobilisierung aller weltrevolutionären Potenzen, Zeugnis dafür abzulegen, daß es sich, bei allem Wissen um höchst unzulängliche Ziele, Mittel und Zeiträume, doch noch lohnt, die verschuldete Entfremdung des (kirchlichen) Menschen mit kleinen Schritten anzugehen. Diese „kleinen Schritte" sind nun aber nicht das Resultat der revolutionären Resignation, so zähneknirschend man notwendige Einsichten in die Realitäten der Welt und der Kirche gewonnen haben mag, sondern sie sind das Ergebnis der revolutionären Einblicke in die größere Hoffnung, die all denen offensteht, die ihr ausschnittartig isoliertes Denken und ihr geradezu fahrlässig selbstgerechtes Reden, wie es sich aus Gründen der „Abgrenzung" bei den Reaktionären und Revolutionären der erwähnten Bauart findet, aufgegeben haben.

Die erwähnte *Taktik der konsequent „kleinen Schritte"* hat, wie wiederum A. M. K. Müller nachweisen konnte, einen genügend langen Atem, um realistisch genug mit den Schwierigkeiten rechnen zu können, welche der gegenwärtigen Politik der repräsentativen Demokratie anhaften, die dazu neigen muß, ihre Reformvorhaben nicht von langfristigen Trends, sondern von der kurzfristig erreichbaren Zustimmung der Wähler und den Verwirklichungschancen innerhalb bestimmter Wahlperioden abhängig zu machen. Ebenso besitzt sie ein Augenmaß dafür, daß es bei der Realisierung ihrer Vorstellungen nicht einfach um das Auswechseln der Rechtsträger in den bestimmten staatskirchlich interessanten Institutionen gehen kann (B. v. Onna), als sei unter den gegebenen Umständen schon dadurch etwas gewonnen, daß künftig etwa im Sozialwesen der Staat die Stelle der Kirche einnimmt. Die vorgeschlagene Taktik steht damit auch allen Versuchen kritisch gegenüber, die Gegenwart und ihre Systeme mit Hilfe eines geradezu überraschungsfreien Weltentwurfs (C. Grossner) unbesehen in eine bestimmte Zukunft hinein zu prolongieren und dabei, womöglich noch aufgrund der Beliebigkeit ihres eigenen wissenschaftlichen Forschens, dem ein schlechtes Gewissen fremd zu sein scheint, die unausbleiblichen Strukturen der künftigen gemeinsamen Ratlosigkeiten, gegen die auch die heutige Theologie noch kein Mittel gefunden haben dürfte, zu vernachlässigen. Doch rechnet sie ein wenig mit dem sicherungsfreien Glück der Außenseiter, welche zwar nicht unbedingt die detaillierten Fachkenntnisse auf staatskirchenrechtlichem Gebiet, jedoch die noch notwendigere Unbefangenheit gegenüber dem bisherigen „System" mitbringen mögen. Sie wird sich deswegen ohne Ausnahme auf all diejenigen Menschen an der Basis stützen, welche ihre für das Wissen um diese Dinge grundlegende Qualifikation in Form eines vom altkirchlichen System und dessen gesellschaftlichen Auswirkungen leidvoll „Betroffenseins" mitbringen.

Mit Hilfe dieser „Laien-Fachleute" wird sie die bisherige – auf diplomatische Unterhändler und amtskirchlich abgesegnete Berufsvertreter der Ideologie beschränkte – Exklusivität des Verhandlungsablaufs hinterfragen sowie durch ihr Angebot einer öffentlichen Basisbefragung wie eines theologisch-kirchenrechtlichen Hearings für Politiker überwinden, um schließlich nach einem demokratischer geplanten Stufenplan zunächst die bestehenden Rechtswidrigkeiten und Amoralitäten zu beseitigen, bevor eine prinzipiellere Reform des gesamten kirchlich-gesellschaftlichen Systems eingeleitet werden kann. In dieses

(sich allerdings erst recht anfanghaft abzeichnende) „offene" System könnten dann aber aufgrund der zukunftsweisenden Aufklärung über die auf weite Strecken hin amoralische Vergangenheit so viele neue kirchenpolitisch wie gesamtgesellschaftlich bedeutsame Themen und Handlungsorientierungen, von denen das gegenwärtige Getto noch nicht einmal träumen kann, eingebracht werden, daß sich wirklich wieder ernsthaft von den spezifisch „kirchlichen" Chancen der Zukunft reden ließe: von der Möglichkeit etwa, das Evangelium wieder als eine das Gewissen verunsichernde, nicht aber ausschließlich als eine dieses asketisch-leidverklärend tröstende Botschaft zu betrachten; von der Gelegenheit für die Kirche, hinter all den Verkrustungen einer einseitigen Tradition wieder die ursprünglichen Worte (etwa des „Verzichts") zu entdecken; von der Chance der theologischen Wissenschaft, ihre frühere quasi-definitorische Stellung, wie sie einer Disziplin, die prinzipiell „Lösungen" anzubieten hatte, zustand, aufzugeben und eine gesellschaftskritisch-befreiende Instanz zu werden, um Verhältnisse mit zu schaffen, welche Glauben und Liebe erst ermöglichen, statt sie zu kasernieren; von der Aufgabe auch des pädagogisch verantworteten Religionsunterrichts, durch sein spezifisch gesellschaftliches Engagement an der Demokratisierung der Schule mitzuarbeiten; von der Möglichkeit überhaupt, aus Glauben inmitten einer vielfach von Gewalt bedrohten Gesellschaft ohne Violenz stark zu sein, ohne dabei dem Irrtum zu verfallen, man könne mit parteiloser „Gewaltlosigkeit" allein der etablierten Gewalt begegnen, statt diese durch eine Initiative, welche ihr den ideologischen, moralischen und politischen Boden entzieht, brechen zu wollen (N. Koch).
Gewiß ließe sich in Zukunft auch an eine *prinzipiell „neue"* Moral denken, welche, soweit sich dies bereits heute erkennen läßt, – pluralistisch ausgerichtet und nicht mehr einem feudalistischen Ordnungsdenken verhaftet – auf den Ergebnissen aller Wissenschaften (und nicht nur auf den beschränkten der Schultheologie von ehedem) gründet und sich etwa in den Formen einer über-individualistischen, der Wandlung verpflichteten („Notordnung"!) Veränderungsethik, wie sie der bisherigen, der Basis von oben herab verordneten, auf Sicherung erpichten Statusmoral diametral entgegengesetzt sein dürfte, konkretisieren mag (H. Assig). Daß eine solche Moral, auf unser Thema bezogen, nicht ohne konkrete Folgen bleiben kann, wird einleuchten: Fragt sie doch auch nach den anderen, den bislang Übersehenen, nimmt ihr demokratisch-christliches Wollen und Erkennen

in sich auf, kapselt sich nicht als „Amtskirche" von ihnen ab und übt – inhaltlich gesehen – vor allem einen christlich motivierten „Verzicht", und dies im vollen Wissen um die der heutigen Konsum- und Anspruchsgesellschaft innewohnende Tendenz, Verzichtsleistungen (sofern diese ohne Aussicht auf diesseitige Prämierung bleiben) für eine „in Kundschaft verkehrte Menschheit" (Th. Adorno) schon dadurch unmöglich zu machen, daß sie selbst Bedürfnisse produziert und ihre Unfreiheiten damit geradezu automatisiert (F. W. Menne). Schafft die intendierte „Wendung zur Moral" nun aber wenigstens diesen Verzicht, so erlangt sie aufgrund der erwähnten substantiellen Hoffnung ganz gewiß eine neue christliche Souveränität, ja, sie läßt in diesem ihrem klassischen Aufbruchsoptimismus all die „Absicherer" und „Besitzstandwahrer" der Altkirche mit ihren Wohlstandssorgen einfach stehen.